LOCUS

LOCUS

LOCUS

LOCUS

Smile, please

Smile 61 7個祕密

Da Vinci Decoded

作者：邁可・葛柏(Michael Gelb)
譯者：黃聿君
責任編輯：陳郁馨
美術編輯：林家琪／楊雯卉
法律顧問：全理法律事務所董安丹律師
出版者：大塊文化出版股份有限公司
台北市 105 南京東路四段 25 號 11 樓
www.locuspublishing.com
讀者服務專線： 0800-006689
TEL ：(02) 87123898　FAX ：(02) 87123897
郵撥帳號： 18955675　戶名：大塊文化出版股份有限公司

總經銷：大和書報圖書股份有限公司
地址：台北縣五股工業區五工五路 2 號
TEL ：(02) 8990-2588(代表號)　FAX ：(02) 2290-1658
初版一刷： 2005 年 8 月

定價：新台幣 260 元
Printed in Taiwan

7個祕密

怎樣分享達文西的七種修煉

Da Vinci Decoded

Discovering the Spiritual Secrets of Leonardo's Seven Principles

Michael J. Gelb ◎著
黃聿君 ◎譯

目錄

序　所有人的樣式　9

概論　找一顆星星，指引方向　23

Part 1　天堂，就在不遠處

1　達文西與神聖陰性的重生　27

2　達文西的神　41

3　天才的源頭　53

4　尋找聖杯　63

Part 2 七種天才的心靈奧祕

5 尋求眞理 73
6 承擔責任 93
7 精進覺知 119
8 接受陰影 139
9 調和陰陽 161
10 整合身心 183
11 愛的表現 209

最後 達文西的祝福 229

附錄一 資源 231
附錄二 圖片說明 232

獻給不朽的宇宙靈魂

達文西

序 所有人的樣式

光人其內有光，
光照全人類。

——《多馬福音》

科幻影集《星艦迷航》(Star Trek: Voyeger)系列在一九九七年的一集裡，以全像投影方式讓達文西以參謀的身分出場。達文西對艦長提出睿智的建議，引導全體船員完成最高使命，勇敢前往未知之地。在接下來的這本書裡，我希望讀者能把達文西看成你的專屬心靈導師，幫助你發現自己的最高使命並加以完成——就像他曾經給過我的幫助。

我也希望讀者能從本書所提到的其他人物身上得到激勵；這些人都可以讓我們更了解自己生命的目的。

意識的進化

我曾參加一場在威尼斯舉辦的會議，同時受邀與會的知名物理學家加來道雄(**Michio Kaku**)在會議上發表演說，使得我對於什麼叫做有意義的生活產生了新的觀念。加來道雄博士曾經是星艦系列影集編劇群的科學顧問，他建立了「超弦理論」，著作包括《穿梭超時空：十度空間科學奇航》、《Next：財富、生命與智慧在未來二十年及之後的面貌》和《超越愛因斯坦》等全球暢銷書，並在紐約市立大學擔任理論物理學教授。

在那場二〇〇一年的會議上，加來道雄對著台下一群個個是公司總裁的聽眾發表演說，解釋他何以認爲其他星球上有生命存在，讓那些凡事務實、絕不馬虎的執行長們爲之著迷。加來博士認爲，不只是頂尖的科學想法都支持了外星有生物的這種看法，而且浩瀚的宇宙中確實可能存在著比我們人類更先進的文明；很可惜。我們的文明處於最低層的文明，我們會傷害自己的環境，並且自相殘殺。

往上一層，是加來道雄口中的第一層文明(Level One）。我們的層級連編號的資格都沒有)，這類的文明，因爲提高了科技的程度和自覺的程度，所以可使得所有成員都不虞吃穿，並經由教育而懂得保護他們的大氣層和生態系。

往上是最高的一層文明，稱爲第二層文明，這類文明與純粹意識結合，只憑清晰的意念就能穿越時空（就像星艦系列影集中的人物「Q」一樣）。加來道雄強調，

他所說的這些可不是科幻小說，而是許多精英科學家所提出的最佳推估；他還說，我們在地球上只剩下不到一百年的時間來進化到第一層——否則就會沉淪，到自我毀滅、煙消雲散的地步。

加來教授這段演說的主旨深得我心。不管我們是要把他的說法照單全收，還是只用隱喻的方式來解釋他的理論，他這一番話都提供了一個方法，讓我們可以用來思考自己的命運，關注更高層次的生命格局——幫忙地球升級到第一層文明！而這一點，必須要我們每一個人都發願要爲意識的進化而貢獻心力才能做到。

多重的直覺感官

而作者蓋瑞．祖卡夫(Gary Zukav)在他廣受好評的暢銷書《新靈魂觀》(*The Seat of the Soul*)中，提供了指南，引領我們到達較高層的意識，進而往上躍入高一層的文明，也就是他所謂的「心靈領域」(territory of inspiration)。在這個心靈領域，直覺會增強，讓我們可以接觸到超越了自身，「超越了時間、空間和物質的領域……來自個人之外，具有偉大眼光的東西」。祖卡夫相信：「每個人現在都以某種方式被吸引到同一個偉大的前景——它不只是前景，而是一股新生的力量，是我們通往進化之路的下一步。」

在祖卡夫筆下，這種在進化上比較先進的意識，比較能接受直覺、更能察覺到

意識裡的微妙變化，以及靈魂的浮出，因爲這是「多重感官的」意識，不是一般的五種感官的體驗模式；五種感官只導向物質現實和個人生存。

根據祖卡夫的說法，具有五種感官的人類，是像以下這樣在生活：

✦人人都孤獨活在廣漠、空無和純粹物質的宇宙裡。

✦意念(intention)起不了作用；行動只能造成立刻而明顯的物理反應。

✦物質世界一定要能確保人類生存。

至於具有多重感官的人類則是這樣運作：

✦所謂宇宙，是靈性智慧(divine intelligence)的鮮活呈現，而我們都隸屬於一個比自己的自我／生存偉大得多的東西。

✦意念，是決定現實的強大因素，可以大大影響他者。

✦之所以有世界的存在，是為了讓我們在其中學習，並實踐靈魂的真正使命。

以祖卡夫所描述的多重感官覺知來看，達文西早就體現了這樣的先進心靈。達文西的好奇心強烈，開放擁抱各種體驗，又生來就能在萬物中看到上帝的智慧，他爲我們帶來了一張說服力十足的心靈領域地圖。如果我們向他學習，在自己生命中尋找啓示，他就會引導我們走向進化——偉大靈魂通常會這樣做。

如同祖卡夫所說，「隨著每一個人的靈魂提升層次，我們全體人類的靈魂(我們

這樣稱呼集體潛意識)便得以進化。」綜觀人類歷史，達文西的「個人進展」無人可及，也難怪他的影響在今日達到了最高點；不過，他在過去這幾年裡成爲無所不在的話題人物，這確實還是令人稱奇。

達文西的卓越表現看起來簡直像是超能力，然而，他的成就確實說明了人類可以如何開放擁抱直覺和心靈，而這兩項特質可以經由學習而融入我們的生活中。達文西是以多重直覺感官來察覺心靈的先驅，他預先說出了存在於所有生物之中的神聖潛力。達文西，能爲全人類指出一條通往更高自我的途徑。

通往更高的自我

世界上各種主要的靈性系統都鼓勵眾人深入研究那條通往更高自我的路。印度教徒仿效偉大導師，譬如拉瑪那．馬哈希(Ramana Maharshi)和羅摩克里希納(Ramakrishna)的完美狀態。基督徒問：「耶穌會怎麼做？」佛教徒思索：「佛陀會怎麼回應？」

最近不少書籍都提出了如何在世俗生活中傳揚與神性有關的思惟，譬如有根據耶穌的教導而寫給執行長的管理手冊，也有從佛陀思想出發而寫給單身者的指南。這類的反省可以幫助我們把偉大智慧和日常生活結合。

遺憾的是，關於智慧、良善和美的典範形象，不容易在流行文化和媒體中出

現。想像一下你在看電視新聞時，螢幕下方的跑馬燈字幕寫著：「達文西遺失的筆記本尋獲……不過，接下來我們先來關心最新的名人醜聞。」我們整個社會最先注意的事物，都違背了我們的最高理想。

這個現象其實可以在神經科學找到解釋。人腦面對各式各樣的矛盾與挑戰，其中一項就是我們受到中腦裡的網狀結構(reticular formation)制約，因此會特別注意那些看起來新鮮、不一樣，或是「感官性」的東西，於是忘記了更多比較不受時間限制、比較不屬於熱門話題的東西，譬如世界共通的靈性智慧。

不過靈性方面的事物最後還是會浮現，因爲這些事物是不受時間限制的，是全世界共通的。這可以由下面的事實看出：各種社會在到達了社會發展的某一點時，都會得到類似的見解，這是英國作家赫胥黎(Aldous Huxley)口中的「永不凋謝的哲理」。有研究團隊發現，《聖經》裡的「十誡」中至少有八誡存在於世界各種文化之中，於是這十誡等於是普世的人類價値。就像我可敬的秘書霍根小姐(Mary Hogan)說的，「我們可能來自不同隊伍，但是我們都愛打棒球」。

我在追求心靈成長的過程中，有幸受教於多位來自不同傳統的偉大導師。我獲得了嫡傳的上師開釋；我體驗了克里希納穆提(J. Krishnamurti)的犀利智慧。我花了好幾個月在柬埔寨某佛寺住持的指導下學習禪坐。我曾前往土耳其與苦行僧共舞，並

「達文西之橋」是一個深具啓發性的象徵，說明了人類共通的愛與連結。

受一位蘇菲教派長老開悟。我也很榮幸在十個月時間裡，每天親炙班尼特(J. G. Bennet)這位知名心靈大師畢生追求心靈智慧的成果。我在充滿聖靈的英國古教堂與聖靈對話。我跟隨一群遵奉先知默罕默德之道的兄弟往麥加朝聖。而我早在十三歲就依照猶太律法「托拉」(Torah)成爲了「誡命之子」(Bar Mitzvah)。

然而，沒有一位導師給我的影響像達文西那麼深。我幾年前撰寫了第一本以達文西爲主題的書《7 Brains——怎樣擁有達文西的七種天才》，那時我發現，潛藏在他生命和作品中的七項特質似乎解釋了他的創造力，也爲我們指出了通往創造力的路徑。同樣的那七項特質，似乎也可以解釋他的靈性來自何處，以及他所有的發明、繪畫、科學實驗和寫作所散發出的靈性。這項特質，讓達文西成爲了"uomo universale"，也就是「全人類的人」，可以說出全人類共有的渴盼。

我在過去二十五年裡走過澳洲、日本、土耳其、

歐洲、斯堪地那維亞、南美洲、非洲和美國各地，如果說我在旅程中學到了什麼，那就是我發現了人類有多少共通的特質。

我面見了世界各地多種智慧傳統的多位非凡導師，但這只更加強了我對於人類的共同本質的認知；這個共同本質，表現於我們共同的精神傳統之中。爬上山的途徑很多，但是頂峰只有一個，那就是「愛」。

一個人的生命，普世的智慧

挑戰在於，如何對普世智慧(universal wisdom)產生新的認識，如何藉由足夠新奇又原創的例子，抓住我們腦中對於新奇事物敏感的網狀結構的注意力，以此讓我們記起那些我們都知道、卻經常忘記的事物。誰還能比達文西更適合把普世智慧用個人的生命展現出來，呈現在我們眼前？他的一生多采多姿，堪稱人類潛力的鮮明原型；我們每一次看他的作品都會有新發現。而達文西的生平和作品最棒的一點在於它們不受時間限制。

達文西的崇高性靈，讓人想起基督教、猶太教、伊斯蘭教、印度教、佛教和道教等等信仰的核心力量。達文西和那些達到真正智慧的人一樣，闡明了世界共通的價值和理想，也就是真理的核心——它把我們統合在一起，而不是把我們分開。

蘇菲教派的哈茲拉特·伊納亞特汗(**Hazrat Inayat Khan**)，用以下的禱辭闡明了對

與智者同行

猶太教的教誨：
「與智慧人同行的，必得智慧。
和愚昧人作伴的，必受虧損。」
《聖經・箴言》

印度教傳統提醒我們：
「與智者同行，蠢人也可能得智慧。」
《摩訶婆羅多》

佛教勸戒眾人：
「賢者智者多聞者，從斯善人賢慧遊，
猶如月從於星道。」
《法句經》

達文西浪潮

在你翻開這本書之前五百年，達文西正在爲畫作〈蒙娜麗莎〉做最後的潤飾。從他出生（達文西生於一四五二年四月十五日，死於一五一九年五月）至今幾個世紀來，他一直是學術研究的主題，也是大眾著迷的對象。有時候，那些繞著他生平傳奇打轉的猜測、謎團和爭議，把對他的興趣推向了高點，而過去十年來，這波浪潮簡直像大海嘯般狂熱。下面列舉幾個高峰爲例。

一九九四　微軟鉅富比爾・蓋茲花了三千零八十萬美金，買下達文西筆記本中的十八頁。

一九九五—六　DC 漫畫公司旗下的 Vertigo 出版社，出版了一套十冊的漫畫《明暗對照：達文西秘密檔案》(Chiaroscuro: The Private Lives of Leonardo da Vinci)。

一九九六　夏恩・柯文(Shawn Colvin)發行音樂專輯《整裝待發》(A Few Small Repairs)，其中一首歌的歌名爲〈妳和〈蒙娜麗莎〉〉。

一九九七　約翰・瑞斯-戴維斯(John Rhys-Davies)在《星艦迷航》影集中客串演出，扮演以全像投影現身的達文西，幫助艦長珍葳(Janeway)度過好幾個難關。

一九九八　在由茱兒・芭莉摩(Drew Barrymore)主演的電影《灰姑娘》一片中，幫助了主角的是達文西，而不是神仙教母。

一九九八　《7Brains──怎樣擁有達文西的七種天才》(*How to Think like Leonardo da Vinci*)出版上市，在好些個不同的暢銷書榜單上名列前茅。

一九九九　達文西的〈最後的晚餐〉(Last Supper)在經歷了二十二年的細心努力後，驚人的修復工作終告完成。

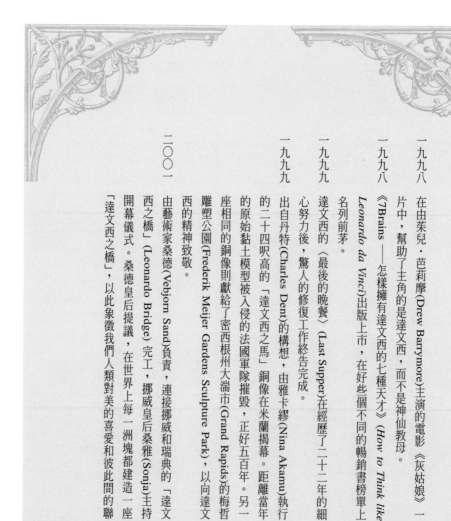

一九九九　出自丹特(Charles Dent)的構想，由雅卡繆(Nina Akamu)執行的二十四呎高的「達文西之馬」銅像在米蘭揭幕。距離當年的原始黏土模型被入侵的法國軍隊摧毀，正好五百年。另一座相同的銅像則獻給了密西根州大湍市(Grand Rapids)的梅哲雕塑公園(Frederik Meijer Gardens Sculpture Park)，以向達文西的精神致敬。

二〇〇一　由藝術家桑德(Vebjorn Sand)負責，連接挪威和瑞典的「達文西之橋」(Leonardo Bridge)完工，挪威皇后桑雅(Sonja)主持開幕儀式。桑德皇后提議，在世界上每一洲塊都建造一座「達文西之橋」，以此象徵我們人類對美的喜愛和彼此間的聯

繫。

二〇〇二　義大利把達文西的〈人體比例圖〉印鑄在一歐元硬幣的背面。

二〇〇二—三　紐約大都會博物館贊助展出了一場大受各界讚賞的空前達文西繪畫展。

二〇〇三　由齊默曼(Mary Zimmerman)執導的戲劇作品《達文西的筆記本》，在紐約「二階戲院」(Second Stage Theater)上演，座無虛席。

二〇〇三　達文西再度前進好萊塢。《7Brains:怎樣擁有達文西的七種天才》一書，在電影《偷天換日》(The Italian Job)的開場戲中亮相。

二〇〇三　丹・布朗(Dan Brown)的小說《達文西密碼》成爲有史以來最暢銷的小說。

二〇〇四　牛津大學出版了肯普教授(Martin Kemp)的傑作《達文西簡介》(*Leonardo: A Very Short Introduction*)。

二〇〇五　達文西科技中心(The Da Vinci Center of Science and Technology)在美國賓州的亞蘭敦市(Allentown)開幕。

於普世智慧的追求：「容我們辨認汝所有的聖名和形體，無論那是叫羅摩(Rama)、克里希納(Krishna)、濕婆或佛陀。讓我們認識汝，亞伯拉罕、所羅門王、瑣羅亞斯德(Zarathustra)、耶穌、穆罕默德，以及這世界知與不知的其他名字和形體。」

我覺得自己幸運至極，深受賜福，有機會與讀者一同探索達文西的特質，一起把它們應用在心靈方面的成長。我打從心底歡喜寫這本書。我也發現，以文字撰寫與靈性有關的課題，會讓人感受到自己的渺小，不由得謙卑起來。正如錫克教傳統的阿爾瓊(Arjan Dev)大師所言：「如果大地是紙，森林是筆，而風是作家，亦無法描述無窮(the Endless One)的盡頭。」

蘇菲神秘教派詩人魯米(Jalaluddin Rumi)則吟誦：「當我試著描述汝，筆立刻折斷，紙也滑落。」

每一個人都必須找到屬於自己的路，找到自己與聖靈(the Divine)的關係，虛心接受生命的意義與目的。我希望，藉著反省達文西特質之中所隱含的靈性意義，可以幫助讀者找到那條自己的路。

概論

找一顆星星，指引方向

找顆星星定位自己的航道。

——達文西

本書希望能從史上最偉大天才足以啓迪人心的智慧出發，爲個人的成長和心靈之旅提供一些實用指南，帶來靈感。我將讓讀者看到達文西的七項特質如何反映出世人共通的見解，以及如何融合這些洞見，爲日常生活帶來更多意義、熱情、意識和喜樂。

本書第一部會先深入了解達文西的生平、作品，以及他留給後代的遺產，並思索有關達文西的心靈本質、對上帝的信仰、舉世無雙的天才來自何處，還有他的性向疑雲等等讓人著迷的問題。我會幫助各位解開一些在銷售成績驚人的《達文西密

碼》(*The Da Vinci Code*)和其他相關書籍中出現的問題（即使沒有看過《達文西密碼》一書，也可以在我這個解碼過程讀得很開心）。最後一章將介紹達文西七項特質在靈性修煉上的應用，引導讀者儘可能掌握接下來的第二部分。

在第二部，則希望能讓讀者受到大師達文西的啓發，以求：

- 學習讓心靈深入探索更具活力的實用策略。
- 對於清明和責任感有更深的體認。
- 發現簡單而有趣的方法，開啟感受之門，更加鍛鍊覺知的敏銳度。
- 從被自己的無意識否認的那一部分解放出來，以免損害最高理想的實現。
- 平衡自己的陰柔面和陽剛面，享受內在的和諧。
- 整合身心靈，從更強大的能量和福祉獲益。
- 加深愛人與被愛的體驗。

PART ONE

天堂，就在不遠處

有時上天會賜下某個
同時具有人性和神性的人，
好讓我們有機會藉由他的心靈和絕頂聰明
觸碰到天堂。

——凡薩利(Giogio Vasari)
《藝術家列傳》

1 達文西與神聖陰性的重生

達文西其實處於男性與女性的平衡狀態。他相信，人類的靈魂假如無法兼具陽剛與陰柔的特質，就無法得到啓蒙。

——丹・布朗，《達文西密碼》

根據肯普教授的說法，這幅達文西肖像應該是最接近達文西大師樣貌的一幅。肯普教授提到，這幅肖像可能出自達文西最親近的門生梅爾吉(Francesco Melzi)筆下。

我一九九八年出版了《7 Brains —怎樣擁有達文西的七種天才》(*How to Think Like Leonardo Da Vinci*)一書之後，就在世界各地旅行，與來自各階層的聽眾分享史上最偉大天才的創意靈感。我四處演講，聽眾包括了：斯普肯市(Spokan)和聖路易斯市(St. Louis)的教師；華盛頓特區的美國郵政局員工；斯洛維尼亞的廣告公司主管、費城、墨西哥的坎昆市(Cancun)和哥斯大黎加的藥劑師與醫師；夏洛特斯維爾市(Charlottesville)的教授和MBA學生；伊斯坦堡的人力資源主管；倫敦、巴黎與美國

波特蘭的設計師和行銷人員；聖地牙哥的護士；小岩城(Little Rock)、拉斯維加斯、威尼斯、羅馬和馬德里的企業總裁；維吉尼亞州的資優兒童；無數電台節目的聽眾。以上所列舉的還只是一小部分。

打電話進廣播節目、在台下舉手發問，或是演講結束後上前來的聽眾們，最常問我兩個問題：一是「達文西信不信上帝？」另一是「你如何解釋他的天才？」（好吧，有些聽眾也會問達文西的性生活！）在世界各地讀者寄來的電子郵件中最常出現的要求則是：「請再多說一些達文西的特質。」

到了二〇〇三年，由丹・布朗所寫的、彷彿魔咒一般引起熱潮的推理小說《達文西密碼》出版之後，每天都有人問我：「那本書的眞實度有多高？」「你覺得那本書如何？」

可是，在我腦海盤旋不去的問題卻是：「達文西會對那本《達文西密碼》有何看法？」

《達文西密碼》的眞實性

我們的確知道達文西熱愛神秘事物、謎語和惡作劇。他也喜歡解謎、雙關語、說故事、編碼和解碼。畢竟，他是會用寫反字方式(mirror writing)寫下觀察紀錄的人。所以我覺得他會喜歡丹・布朗那本小說。至於《達文西密碼》一書裡的眞實程

度如何，嗯，這是另外一回事了。不過丹．布朗不用擔心眞實不眞實的問題，因爲他寫的是小說。

那麼，達文西有沒有加入那個秘密社團「錫安會」，奉行該會宗旨，戮力保護聖杯的秘密？達文西說不定是錫安會的大老？他知道聖杯的下落嗎？達文西的傑出畫作〈最後的晚餐〉中，坐在耶穌身旁的人物是一位女性嗎？假如是女性，她是不是抹大拉的馬利亞(Mary Magdalene)？達文西是否在暗示，耶穌和抹大拉的馬利亞是一對情侶，而她讓耶穌的血統流傳了下來？達文西是否像《達文西密碼》書中所講的設計了一個密碼盒(cryptex)？這些謎團可眞是誘人哪。

由於達文西曾經建議我們，至少要用三個角度來觀察問題，因此我求教於三方面的獨特資料來源，試圖探索這些謎團。這三項來源分別是：肯普教授、布萊恩．托維爵士(Sir Brian Tovey)、琴恩．修絲頓博士(Dr. Jean Houston)。

肯普教授在英國牛津大學教授藝術史，撰寫了許多以達文西爲研究主題的學術文章。他和瑪麗娜．華樂絲(Marina Wallace)共同籌辦了在倫敦海沃美術館(Heyward Gallery)展出的達文西解剖素描展，而他目前正在統籌「全人達文西」展覽，預計在二〇〇六年全球同步展出。

托維爵士則是專攻文藝復興時期藝術的專家，現於「英國佛羅倫斯協會」(British Institute of Florence)擔任客座研究員。他還當過好幾年的英國情報局局長——

他可比《達文西密碼》書中的提賓(Leigh Teabing)更聰明犀利、更有察覺力，在道德方面無可挑剔。

第三位則是身兼人類學者、夢想家和作家的修絲頓博士。她曾受教於傳奇的人類學家米德博士(Dr. Margaret Mead)，是一位當代的文藝復興女性，也創辦了一所世界性的學院，「神秘學院」(Mystery School)，旨在探索各種存在於多種文化與傳統中的普世智慧原型。

當肯普教授被問到，達文西會不會是錫安會或秘密社團的成員，或者達文西是否把抹大拉的馬利亞加進〈最後的晚餐〉畫面時，他回答：「館藏的達文西文獻（大都會博物館的展覽目錄中有不錯的摘要）的內容和錫安會完全無關。達文西絕對沒時間玩這種無聊的把戲。

「耶穌右邊是年輕的聖約翰，他剛打完瞌睡（依照習慣）。他是達文西筆下的典型俊俏青年。

「《達文西密碼》是小說，不是歷史，我覺得不成問題。」

托維爵士表示：「我必須同意肯普教授說的，沒有證據顯示達文西和錫安會或其他類似的社團有關。我也同意肯普教授對於〈最後的晚餐〉畫中站在耶穌右方那個人的判斷，他的判斷與《約翰福音》的說法相符，這是很站得住腳的看法。至於有關耶穌和抹大拉的馬利亞私通的迷思，已經流傳多年，但是歷史上根本找不到證

據支持這個說法。唉，我得承認，關於達文西在密碼術方面的運用，我只知道他會用反字寫筆記本（這點很明顯），以及他會在繪製設計草圖時刻意模糊設計細節；其他的，我就一無所知了。」

修絲頓女士同意前二者所說的，達文西不太可能是錫安會或其他秘密社團的成員。當我問到耶穌和抹大拉的馬利亞可不可能留下後裔，她委婉表示，那是「歷久不衰的說法，讓人津津樂道的推測」，她說丹·布朗把它放在「該放的地方，也就是放在小說裡」。

而肯普教授、托維爵士和修絲頓博士都同意，達文西爲人類心靈帶來了與眾不同的啓發，我們能從他身上學到很多東西，並用來發掘自己的意識和創造力。

達文西想在〈最後的晚餐〉中表達什麼？

雖然小說《達文西密碼》所提出的許多假設都沒有歷史證據支持，不過我想強調丹·布朗這本書在哪些地方做得非常正確，以及爲何我相信這個故事擄獲了幾百萬讀者的想像力。這本小說寫得很好，動作場面熱鬧，情節引人入勝，讓人覺得像是在看電影（我等不及想看電影版）——就這一點來看，《達文西密碼》並不比丹·布朗的其他推理小說更精彩；這個故事眞正的力量在於它觸動了我們深藏內心的東西。《達文西密碼》大量使用心理學家榮格(Carl Jung)所說的「集體潛意識」（collec-

這是義大利畫家所繪的第一張純粹風景畫。畫上有達文西的簽名與日期，記錄那重要的一刻。
達文西以大地之母，也就是大自然為主題，傳達了他感受到的受造物的陰柔特質。

tive unconsciousness)，讓我們察覺到自己原來是屬於這個意識構造轉變的一環；而這本書把達文西的地位（我相信這是正確判斷）標舉到使者和先知的位置，認爲他向世人預示了如何藉由擁抱陰性特質而讓意識得以再度平衡。

陰陽和解的時代

在最早的人類社會裡，意識主要爲泛靈論(animistic)，並且屬於右腦。原初住民體驗到自己和大地是一體，每棵樹、每隻動物、每朵雲都有自己的聖靈，大地之母主宰一切。隨著社會演進，這種人與自然合一的感覺逐漸被取代，人類開始覺得需要宰制自然。分析式的思考支配一切，父權制社會把大地之母推到幕後，這齣戲碼在許多機制與組織中上演，當然也包括了教會；丹・布朗在書中對此有生動的描述。

現在，我們則正掙扎著邁向新的綜合體，也就是想要整合科技與靈魂、既要發展也要永續維持，運用權力，但也要利他。若想達到個人的自我實現，以及整體人類的生存和進化，就必須培養出新的意識，兼具陽剛與陰柔，融合這兩者的最佳感知方式和存在方式。

在《西方心靈的激情》(*The Passion of the Western Mind*)一書中，李查・塔那斯博士(Dr. Richard Tarnas)有此描述：「西方心靈面臨前所未見的劃時代轉變——一場

勝利與療癒……兩大極端的和解，兩個對立面的結合；也就是長久以來位居主宰地位而今漸漸異化的陽剛，與長久受到壓抑但逐日興起的陰柔，兩者之間的神聖結合。」

《達文西密碼》大量運用了這個「劃時代轉變」中的謎團、衝突和戲劇，並將之化爲人的故事，反映出我們對於「和解」與「夥伴關係」(partnership)的渴望。在小說中，錫安會代表了長久受壓抑而今興盛的女性特質，而丹・布朗建構了一個「主業會」(Opus Dei)，代表

在這幅細膩的女神跳舞圖中，達文西畫出了神聖女性的靈氣。此外，女神在空中旋轉的螺旋形狀和身上的服裝，都是在達文西作品中反覆出現的典型基調，暗示了感官與昇華的終極結合。

聖杯與劍

瑞安・艾斯勒(Riane Eisler)在她那本大受歡迎的《聖杯與劍》(*The Chalice and the Blade*)書中，追溯了人類社會如何從神聖陰性導向轉變到偏向父權模式的組織。她探索了古代繪畫、雕像、儀式、神話和傳統中的女神形象，解釋爲什麼「說來……非常合理，最早代表神聖力量的人形應該是女性而非男性。當我們的祖先開始問出一些不朽的問題(譬如「我們生從何處來？死往何處去？」)，這一定是因爲他們注意到了，生命來自女性的身體，因而很自然就會把世界想像成一個賜下一切的母親，所有生命都從她的子宮孕育出來，像是植物的生命循環，死後會回到那裡，而後再生。」

艾斯勒闡述了前面提到的塔那斯博士所說的，「劃時代轉變」是從「主宰模式」轉到「夥伴關係模式」，她認爲，「主宰模式」是一種階級系統，既非父權制度也不是母權制度，因爲這都是把某一種性別的地位標高於另一種性別。她所主張的演化關係模式，鼓勵「社會關係……的建立，主要是根據夥伴關係原則，而不是階級原則」。

了那個追求權勢、長久主宰，但權力式微的父權。

如果跳開我們這個時代的性別政治不論，只思考人類心靈的永恆的特質，很快就能發現，陽性與陰性這兩種意識模式是多麼的互補。

陽性模式有時和大腦皮質的左半球有關，偏向分析、專注和收斂性，是一種想要影響環境、追求完成的「做」(doing)模式。而陰性模式有時和右半腦有關，偏向接收、直覺和發散性，是一種對環境敏感、讓事物照本性存在的「是」(being)模式。很明顯，人若想變得完整健全，就一定要整合。

說到整合陽與陰，這裡有一項根據研究得來的好驗證。史丹佛大學一項堪稱里程碑的研究發現，最高層級的智能運作，既不是典型的陽剛也不是典型的陰柔。多倫斯博士(**Dr. E. P. Torrance**)發現，硬性區分性別差異，將會妨礙創造力的發揮。想要有創造力，必須平衡敏感度與自主性，前者在傳統上屬於女性特質，後者通常和男性相關。

中國的道家哲學和所有偉大智慧傳統一樣，很早就了解，平衡陰柔和陽剛，是個人啓蒙和社會和諧的先決條件。老子在《道德經》中寫道：

萬物負陰而抱陽，沖氣以為和。

老子也強調，這個平衡，需要再次發現神聖女性，並且加以珍視：

有物混成，先天地生。
寂兮寥兮！
獨立不改，
周行不殆，
可以為天下母。

爲了努力邁向夥伴關係的模式，我們必須重新定義男性與女性的角色與本質，在這過程中我們將會發現更多的和諧，進而更可能達到我們爲了升到第一層文明所必須做到的，在發展與永續維持這兩者間取得平衡。我們會開始得到領悟：整合陽剛和陰柔的特質，不僅僅是個人爲了追求創造力和自我實現的關鍵，也是社會和文化的首要之務。而這種陰陽整合的最佳代表人物，正是丹．布朗在小說中直覺指出的，達文西。

達文西的性向之謎

達文西在作品裡傳達陰柔特質的獨特能力，可從他的性向之中尋找線索。《達文西密碼》儘管是小說，但作者不惜讓內容出現矛盾也要處理達文西在這方面的神秘傳說。書中有一段提到達文西是「華麗的同性戀」（**flamboyant homosexual**），然而也說他是錫安會的長老；但是我們從女主角蘇菲的回憶得知，錫安會長老有一項責任，就是要在身穿黑白袍子、口中念念有詞的高層信徒面前行異性性交儀式。

達文西的性向究竟爲何？我們知道他一生未婚，而至今沒有人宣稱自己是達文西的後代，也沒有可回溯到這位大師的血統。他是不是如同許多人的推測，是同性戀？達文西二十四歲時，與幾位朋友遭到不知名人士控告雞姦，不過這項控告應該是針對其中一位朋友的誣衊。由於沒有證據可證明，最後達文西等人全數被釋放。

達文西的後半生，身邊確實經常圍繞著年輕俊美的男子。不過這些男子的

書寫記錄顯示，達文西只把他們當成自己的孩子。與達文西最親近的門生梅爾吉（達文西把遺產留給他）說過：「他對我來說是天下最棒的父親。」

那麼他會不會是雙性戀呢？還是說，他持守禁慾，如同佛洛伊德說的「把激情轉化爲好奇心」？他眞的如同某些人所認爲的那樣，與孟杜瓦(Mantua)女王，也就是伊莎蓓拉・葉斯特(Isabella d'Este)，有一段戀情？她在書信中提到她愛上了達文西。

達文西和他筆下的許多主題一樣，有一股神祕的兼具男女兩性兼具的氣息。許多人相信〈蒙娜麗莎〉一畫具有多重意義，譬如說，那是僞裝的達文西自畫像。（見《7 Brains—怎樣擁有達文西的七種天才》第一五四頁，史瓦茲博士利用電腦圖像所做的〈蒙娜麗莎〉與達文西的紅粉筆自畫像比較圖。）

達文西不完全符合現代定義中的異性戀或同性戀，男性或女性。這就促使我們用新的思考來看待陽剛與陰柔特質，並思考如何平衡兩者。他讓我想起密教瑜伽(Tantric Yoga)，這種瑜珈結合了陽剛與陰柔，將之提升到超越性別的神聖境界。

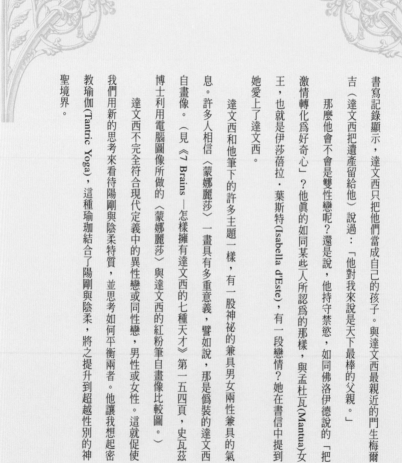

2 達文西的神

我們透過藝術或許可稱爲上帝的子嗣。

——達文西

再怎麼虔誠的宗教信徒，也很難想像天主教教會在達文西時代的影響是多麼深而廣。教會主宰歐洲人心靈的時間超過一千年，一方面用地獄永恆烈火的概念來讓人們心生恐懼，一方面用進天堂必得救的保證來吸引人們，這兩項效果奇佳的工具，確保了眾人對於教義和教會權力的尊敬。從洗禮堂到墓穴，處處可看到天堂和地獄的圖像，而教會裡各個階級的成員都代表至高無上的教義，民眾相信教會人士擁有威力把不服從的人打入永恆的痛苦中。偉大的歷史學家杜蘭(**Will Durant**)在《信仰時代》(*The Age of Faith*)一書中提到，教會影響大眾的秘訣在於他們有能力「引發極度恐懼」。

所以，儘管在達文西所處的時代已經有古典主義中的思想自由、藝術表現和人性價值的興起，並以佛羅倫斯的梅迪奇家族(the Medicis)爲復興的中樞，但是在一四九四年，道明會的修士薩沃納若拉(Girolamo Savonarola, 1452-98)還是有力量把羅倫佐（偉大的羅倫佐）‧梅迪奇及其家人趕出佛羅倫斯。

與達文西在同一年出生的薩沃納若拉，眼看著以追尋柏拉圖和亞里斯多德等古典典範的頹廢風氣在梅迪奇家族的贊助下日益興盛，他相信上帝要他背負起消滅這股風氣的責任。他說：「柏拉圖和亞里斯多德唯一值得我們感謝的事，就是他們帶給我們許多可以用來對抗異端邪說的論點。不過他們和其他哲學家現在都下了地獄。」

薩沃納若拉瘋狂追求他所以爲的聖潔，派遣了孩童組成的小隊到佛羅倫斯各處，把女性身上的華麗衣服、珠寶首飾和臉上的妝都去掉，並沒收「異端」書籍、繪畫和雕塑。他在一四九七年籌劃了一場大火，準備燒毀那些象徵佛羅倫斯的墮落腐敗的物件，譬如繪畫大師波提切利(Botticelli)、巴托洛米奧(Fra Bartolomeo)和狄克雷迪（Lorenzo di Credi）——他是達文西的老朋友，受教於維洛其奧(Andrea del Verrocchio)門下——等人的畫作。這些傑出畫家非常畏懼薩沃納若拉和他的黨羽，紛紛把自己的畫作投入火堆。這就是歷史書上所說的「浮華篝火」(Bonfire of the Vanities)。

然而薩沃納若拉在講道時提到了羅馬也日益墮落，這是一大錯誤，惹火了教宗亞歷山大六世(Alexander VI)，因爲教宗自己可不僅是墮落而已。於是教宗威脅佛羅倫斯的市民，若再跟隨薩沃納若拉的腳步，就要革除他們的教籍。佛羅倫斯市民儘管害怕薩沃納若拉讓他們下地獄，卻更畏懼被教廷判定要永遠在地獄裡受苦。於是，一四九八年，薩沃納若拉自己成爲了另一場公開篝火的主角。

薩沃納若拉死後，他的影響力消褪，梅迪奇家族重掌大權。然而以恐懼爲基礎的宗教黑暗勢力依然強大，繼續箝制眾人的思想——包括了當代一位足以與達文西匹敵的偉大畫家。

比達文西小二十三歲的驚世奇才米開朗基羅(Michelangelo)，十三歲就進入梅迪奇門下，但是在成長過程中深受薩沃納若拉那些瀰漫著地獄、懲罰和嚴厲批評的講道影響。米開朗基羅強烈渴望要向教會致敬。在西斯汀教堂(Sistine Chapel)天花板中央，可以看到描繪了上帝賜與亞當生命的圖像，到現在都還是許多人心目中的上帝形象。不過，米開朗基羅也爲自己的同性戀傾向感到罪惡，深受折磨。在西斯汀教堂牆上駭人的壁畫〈最後審判〉(Last Judgment)中，他把自己畫成一個被鞭笞過的屍體懸盪於空中；這個受折磨的人物，是他在完成了前述的上帝與亞當畫面之後將近三十年才畫的，這就說明了恐懼感在他內心長久以來所造成的結果。

有意思的是，米開朗基羅儘管內心痛苦，卻一直得到教宗的庇護。而達文西未

能長久享有這種榮寵。好奇心強烈而思想獨立的達文西，並沒有進入當時以恐懼爲基礎的思惟模式裡，因此經常與教會的絕對教義形成對立。雖然如此，他想辦法避開了在他之後的幾位獨立思考者的命運，譬如布魯諾(Giordano Bruno)被判處火刑活活燒死，而伽力略遭到軟禁，承受著必須接受酷刑和革除教籍的威脅。達文西很幸運，宗教審判的做法在他生時還沒有達到巓峰。不過，不只是時機使得他免遭迫害，也因爲他很小心避免直接衝突，並接受幾位勢力強大的贊助人保護，例如羅倫佐・梅迪奇、朱里亞諾・梅迪奇、米蘭公爵和法國國王。

那麼，達文西眞的是異教徒嗎？他相信上帝嗎？他心靈的本質又是什麼？

凡薩利在《藝術家列傳》一書中評論：「達文西的思想是非常有異教徒本質的，因爲他什麼宗教都不信。假如你要說他是基督徒，不如說他是哲學家。」然而，凡薩利在該書的新版本中卻說，達文西在死前要求給他機會，接受天主教教廷的領受聖禮和塗油聖事。

我們不確定凡薩利是否爲了服事教廷而寫了新的版本，宣稱達文西最後接受了天主教信仰；我們也無法斷言，這兩種描述裡面有一個是絕對正確的版本。因爲第一版是在達文西死後三十年才發行（一五五〇年），而後過了二十年才又出現第二版。但是，我們確實知道，達文西是依照他生前的遺願被安葬在安布瓦茲城堡(Amboise)的聖佛羅倫斯教堂(Church of St. Florence)。

我們也知道達文西一生都對於獨斷的言論提出質疑，也對於只用字面意義來解釋《聖經》的做法表示懷疑。譬如在比爾・蓋茲花了三千零八十萬美金買的十八頁筆記本中，達文西質疑《聖經》對於大洪水所做的解釋：「疑問來了：在諾亞的時代出現的大洪水，是否遍及全世界？看來不是，原因如下……」

達文西不但先以現代科學的角度質疑《聖經》的字面意義，還把他眼中的空洞儀式好好兒批評了一番。以下是取自他筆記本的「笑話」：

在復活節之前的某個星期六，有位教士一面巡視教區，一面按照自己的慣例在各家屋子裡灑聖水。他走進某位畫家的房間，把水灑到幾幅畫作上頭。畫家不耐煩了，轉過身，問教士爲何要把聖水灑在他的畫上。教士回答這是慣例，也是他的責任，他在行善；行善的人該得到同樣好的回報或是更好的回饋，所以上帝保證人只要在世上行善，到了天堂就會得到一百倍的獎賞。畫家等到教士走出大門，就提了一桶水往窗外潑，潑在教士背上，並且說：「這就是天堂給你的一百倍獎賞。你用聖水對我做的善行，把我的畫毀了一大半。」

雖然把不動腦筋的儀式當成笑料，但達文西對待宗教腐化這件事可嚴肅得很。例如當時教會在販賣贖罪劵，讓大眾爲自己的罪行「買」赦免。教會這種做法，根

有待提出大自然的證據

「《聖經》提到洪水持續四十晝夜，世界各地大雨不斷，水面升到十肘尺高，高度差不多和世界上最高的山一樣。如果這場雨遍及全世界，雨水就會覆蓋球狀的地球；從球心到球面任何一點的距離都相同，被水覆蓋的球面亦然。既然水面的狀態都一樣，水就應該靜止不動；因爲水只有往下落的時候才會流動。既然水不可能流動，大洪水的水怎麼可能消退？就算眞的消退，除了向上還會有其他方向嗎？缺乏自然證據支持。若要去除這個疑惑，當然就得說它是神蹟了，否則就是水因爲太陽的熱度而蒸發盡淨了。」（達文西）

本是爲赦免定下價格，並把赦免轉成一門蓬勃發展的高利潤事業。達文西非常氣憤，他寫道：「一群人肆無忌憚，公然販售價值極高無比的東西，而且還是當著這些東西的主人面前販售。這些東西不屬於他們，也不在他們權力範圍之內；而人類的公理正義竟然阻止不了。」達文西將沉迷於這種行爲的「聖教士」稱爲「僞善者」。他也悲嘆這些本應神聖的東西被大量販售：「我看到基督再次被出賣，釘上十字架，追隨他的聖徒盡皆殉道。」

達文西認爲，靈性不在儀式、聖物、教義或《聖經》的字面解釋裡。他了解老子所說的智慧：

失禮者忠信之薄……
是以大丈夫處其厚，不居其薄

然而，說到要棄絕表面的儀式，達文西倒沒有把聖嬰連同諾亞洪水一起潑出去。他的靈性存於覺知、清醒和體驗，也透過這些來表現靈性，藉由培養這些特質來豐富他的繪畫。他是在作畫的時候得以超越表面，獲得深度，達到與至高造物者齊心同念的最高境界。達文西在篇幅很長的文章〈繪畫論〉(Treatise on Painting)中，把視覺藝術說成是所有藝術中最崇高、最「與神相關」的一種：

君不見呈現神的圖像被長久封存在昂貴的布幕後頭。在布幕揭開之前，眾人先在歌聲樂聲中進行偉大的教會儀式。布幕一揭開，祂的樣貌呈現，聚集於此的廣大群眾遂伏地敬拜，向祂祈禱……彷彿神化爲了人形親臨。看來，神似乎喜愛這樣的畫作和敬慕這幅畫作的人，也似乎偏愛世人藉由這種方式來崇拜祂，而不是用其他的模仿法。

研究達文西的著名學者肯普教授，說明了達文西的靈性：「若說在大自然的背後，有一個至高無上而不可名狀的力量，可稱爲上帝，這種說法達文西接受；不過他深信，務實而具體的知識沒有辦法揭露神的本質。人類理解所扮演的角色，在於揭露大自然設計的光輝，這比任何談論上帝本身的神學書籍更能有力說明了何謂神聖造物。」

對達文西而言，世界因神靈降臨而充滿活力。他了解我們人類是依照「神的形象」而造，因而致力畫出神一般的形象。達文西在筆記本中特別提到，「神的心，擁抱整個宇宙。」他畢生追尋與神的心更深入地結合，也藉著畫作敬拜它。

達文西和聖方濟(St. Fransis)一樣熱愛動物和自然，也和印度聖哲拉瑪那・馬哈希一樣，因爲尊重所有的生命而茹素。義大利旅遊冒險家克薩利斯(Andrea Corsalis)一五一五年寫給朱里亞諾・梅迪奇的信裡提到：印度人「像我們的達文西一樣」，尊重一切有感覺的生物，包括昆蟲。

達文西也和佛陀一樣，勸誡眾生，要節制過活，不要依附在物質世界上。他寫道：「想要得到很多東西的人是貧乏的。」他並補充：「如果你知道沒有了某些東西你會痛苦，就別做那些事、別要那些東西。」

最後的晚餐

達文西對於靈性的深奧見解，以及他令人驚艷的藝術天才，可以在〈最後的晚餐〉一畫中看出。此畫從一四九五年動筆，直到一四九八年完成，這是達文西十分有力，同時也相當具爭議性的作品。

〈最後的晚餐〉畫在米蘭的感恩聖母院(Santa Maria delle Grazie)食堂牆上——傳統上，這個主題是出現在修道院餐廳，讓修士一面用餐一面沉思畫中的聖餐禮。達文西這幅畫，以前所未見的戲劇張力，展現了耶穌說出「你們之中有一人將會背叛我」的那一刻。

這幅傑作的靈性力量，並不是小說《達文西密碼》所認爲的，辨認出到底耶穌右邊的人是誰，也不在於字母M與V的神秘涵義是什麼——耶穌和左右兩位的門徒之間，看似形成M與V兩個字型。我們就假設M代表謎團(mystery)，V代表達文西(Vinci)好了。它的靈性力量不在於畫面中少了聖杯——在達文西之前，無數描繪最後晚餐的畫作都沒有聖杯(在義大利文裡，以最後晚餐爲主題的畫通稱爲 cenacoli)，或

者是憑空出現了一隻持著短劍的手——在早一點的原畫複製品和達文西畫的草圖中，可以清楚看到那是聖彼得的手；這是達文西對於福音書所記載的，彼得持劍保護救世主的舉動表達敬意。

有一個方法也許可以了解〈最後的晚餐〉的力量，那就是觀察畫面中的耶穌擁有崇高而超然的平靜神情，與環繞在祂周圍的凡人所展現出的翻騰不安形成了強烈對比。達文西在筆記本寫了下〈最後的晚餐〉的構圖計畫，以文字寫出了日常人性；而他在畫作中將之表現得淋漓盡致。筆記中提到了耶穌兩側的使徒：

一個使徒先是在喝酒，然後把杯子放好，轉頭聽別人說話。一個手指緊扣，皺眉轉向他的夥伴。一個把雙掌攤開，肩膀聳高到耳朵處，驚嘆著什麼。一個在跟鄰座說悄悄話，較高的那個一手拿著餐刀，一手拿著半個麵包捲，轉頭湊近對方。一個轉過了身，拿餐刀的手碰到桌上的杯，把杯子打翻了。一個把雙手放在桌上，目視前方。一個被滿口食物噎著了。一個把身子往前靠，看著說話的人。

我們也可以藉由檢視圖像來了解達文西到底成就了什麼。這裡出現的圖像是深受達文西喜愛的「漣漪」：石頭掉進池塘裡，一圈圈的水紋從中心向外擴散的漣漪。他寫道：

石頭投進水裡，成爲一圈圈漣漪的中心和起因，聲音在空氣中以環狀向外擴散，而置於光線中的物體同樣也以環狀擴散，以無限多……自身影像塡滿四周，每一個部分都完整出現。

仔細看看耶穌和門徒所坐的桌子就會發現，桌上所有東西都是圓形的：麵包捲、水杯和盤子——而這些圈圈以耶穌爲中心，往外形成，重複出現，與其它圓形物相互呼應。門徒看起來也以耶穌爲中心，以波浪狀向外流動。

在〈最後的晚餐〉中，達文西把耶穌畫成靜止的「中心和起因」，由這裡，一切的無限向外流動。他把耶穌對門徒說出預言的那一刻呈現在我們面前；這時，神聖的石頭投入了時間之池，預示了耶穌將會復活，所造成的漣漪，經過了永恆，永遠爲人類命運帶來恩光。

3 天才的源頭

走得到水池邊的人，不會前往小水坑。

——達文西

達文西是公認的史上最偉大的全能天才。他多才多藝，在每一項科目或主題上都有絕佳的表現，而且總是想辦法展現出各科目或主題的深層內涵。達文西不但是藝術、科學和發明的天才，他的音樂天賦、個人魅力、超凡力量、美麗外形和優雅姿態也備受推崇。凡薩利告訴我們，「他讓悲傷的靈魂得到平靜」；他「不需準備就能唱出天賴」。凡薩利稱頌達文西「把個性中的堅強力量融入了靈巧的雙手技藝」，讚美他「身體形態美好，一舉一動都蘊藏無限優美」。解剖學家齊爾(**Kenneth Keele**)，策畫過一次極其完整的達文西解剖畫作，他稱達文西爲「獨一無二的基因突變」。

十八世紀的德國文豪歌德說達文西是「完美人類的典範」，可謂總結了一切對達文西的讚美。

達文西年輕時在筆記本中寫著，「希望我能行奇蹟」，而以許多例子來看，他確乎做到了。

達文西這些廣泛而深入、跨越領域、無人可及的天賦，應該如何解釋？他空前絕後（至今還無人可及）而且多才多藝的天才，來自何處？

很多人試圖了解達文西，所得到的了解程度不一。譬如心理學家佛洛依德著有《達文西及其童年回憶》(*Leonardo da Vinci and a Memory of His Childhood*)一書，提供了精彩的分析，不過最終結果無法讓人滿意。佛洛依德分析了達文西的心靈和作品，特別著重於分析他的缺陷而非天才。佛洛依德試圖「解釋達文西如何克制性生活和藝術活動」，這位心理分析創始人，把達文西大師不完成作品的傾向解釋爲他對於自己的私生子身分和父母的離異懷有矛盾的情感。

佛洛依德這本書，大部分內容是在解析達文西的夢。他在一個譯成德文的版本讀到達文西做過一個夢：一隻禿鷹從空中飛下，尾巴不斷拍擊嘴唇內部。佛洛依德大量使用牽涉到禿鷹的埃及神話，試圖解釋達文西的心理狀態。遺憾的是，佛洛依德所使用的德文譯本內容有誤：達文西在回想夢境時所用的字是"nibbio"，指的是另一種獵食性鳥類，鳶鳥(kite)，並不是禿鷹。

佛洛伊德對達文西的分析並不成功，不僅只是因爲他所仰賴的譯本內容錯誤；而是，就算他握有正確的資料，他所採用的化約主義途徑對達文西來說也不公平。（有人可能懷疑，佛洛伊德有一點嫉妒達文西的超凡天份。）

從小顯露非凡天分

我們對於達文西的童年生活所知不多，但確實知道，他母親卡提琳娜(Caterina)出身於小村安契阿諾(Anchiano)的農家，而他的父親賽皮耶羅(Ser Piero)雖爲中上階級，但其實只是文西鎮(Vinci)來的一個平庸會計師兼公證人，兩人並未結婚。賽皮耶羅有十二個孩子，但是達文西的兄弟姊妹都沒有展現出特別的天賦。達文西接受了一點教育，學習數學、閱讀和寫字（義大利文），但從未上過大學。雖然他以身爲 **uomo senza lettere**（未受過學院訓練的人）和 **disciepolo della sperienza**（經驗的門生）爲傲，不過他後來還是自學了拉丁文，目的是爲了閱讀經典著作。

儘管他的出身很不起眼，達文西卻從小就展現出非凡天分。他的能力非比尋常，甚至令人害怕，尤其是凡薩利所寫到的這一項：

> 據說賽皮耶羅待在他的鄉間小屋時，一個佃農拿了個自製的木頭小圓盾前來……希望賽皮耶羅在盾上面畫一些東西……他欣然同意，因爲那個佃農擅長捉鳥捕魚，賽皮耶羅在這方面很仰賴他。

凡薩利說，賽皮耶羅把盾拿給么兒達文西，要他在上頭畫點東西。達文西先以火烤，把木盾弄直，接著撫平木盾表面，抹上石膏。凡薩利寫道：

他開始想，該畫些什麼才能嚇退看到它的人，就像看到了蛇髮女妖美杜莎的頭像那般的效果。於是達文西把盾拿進自己的房間……蠕動前進的爬蟲、兩棲生物、綠色蜥蜴、蟋蟀、蛇、蝴蝶、蝗蟲、蝙蝠，種種奇怪的生物……他擷取這些東西的不同部位，組合起來，創作出一個恐怖至極駭人至極的怪獸，它噴出了毒氣，使得空氣燃起火焰。他把怪獸畫成剛從黑暗破碎的岩石中冒出來，張嘴吐出毒液，眼睛噴火，鼻孔呼出煙霧，動作詭異，看起來就是個可怕的怪物。

完成了作品，達文西請他父親進房看看。

他把木盾放在畫架上……遮住窗，讓室內變暗。賽皮耶羅進來，一眼看去……登時嚇著了，沒發現那是木盾，也沒發現他看到的只是畫。他轉身向後退，達文西攔下他說：「這東西達到了預期的效果，你可以把它拿回家了。我就是想達到這樣的效果。」

凡薩利又提到，年輕時的達文西除了具備藝術天分，可以畫出栩栩如生、嚇壞觀者的畫面之外，他在學校也會提出數學和其他科目的問題，問題深奧得把老師都難倒了。

達文西創造的奇蹟

- ✦他在《鳥類飛行手稿》中詳細記錄鳥類飛行時羽毛和翅膀的移動變化。一直要到四百多年後，人類發展出慢動作畫面，世人才能確認並佩服達文西的觀察無誤。
- ✦他筆下許多解剖畫的精確程度，媲美今日的X光。他是第一位精確描繪出子宮裡胎兒模樣的畫家，也是畫出腦部結構和心臟心室的第一人，更是比較解剖學的先鋒。他注意到動脈硬化會造成早死，而可以藉由適度運動和改善飲食來預防動脈硬化。
- ✦他設計出望遠鏡，可能也製造出了一副望遠鏡。他的筆記中用幾字帶過：「製作能放大月亮的玻璃片」。
- ✦他的藝術改變了後人觀看世界的方式，其中以〈蒙娜麗莎〉爲大家最熟悉的藝術作品，並成爲

最常被模仿的畫作。他的〈最後的晚餐〉可說是有史以來最偉大的畫作。

✦在哥白尼提出「太陽說」之前四十年，達文西就以表示強調的大寫字體寫下“IL SOLE NO SI MUOVE”（太陽不移動）。

✦他是第一位描述土壤腐植和植物葉片脈絡的人。

✦他最早宣稱，入射角等於反射角。這個定理至今還在物理教室中使用。

✦他設計了光度計，用來測量光線強度，比科學家蘭福德(Benjamin Thompson Rumford,1753-1814)早了三百年。

✦他設計出降落傘、伸縮梯、滾珠軸承、潛水鐘、潛水呼吸管、齒輪機械、橄欖油印、剪刀、活動扳手、自動織布機、液壓千斤頂、水閘等許許多多令人稱奇的發明。

高級智慧，永恆美麗

達文西的天才難以用一般詞彙加以說明，因此狄帕克．喬布拉博士(Dr. Deepak Chopra)說達文西是「意識的自然進化的一種加速表現」。而修絲頓博士表示：「這是以最完美形式呈現的造物主之心。這個人和上帝一起創造事物。」她說：「像這樣擁有天賦從事文藝復興的人，乃是處於並行空間，與高級智慧(Vast Intelligence)一同創造。」

高級智慧，也就是榮格所說的 mundus imaginalis，「想像世界」，物理學家波姆(David Bohm)所說的「內隱秩序」(implicate order)，以及喬布拉口中的「純粹潛力」。達文西擁有進入極高智慧的能力，從而得以通往鮮少有人瞥見的藝術眞理(artistic truth)的領域，創造出非比尋常的作品。

「他碰過的每一樣事物，都化爲永恆的美麗。」傳奇藝術評論家伯納．貝倫森(Bernard Berenson)以詩意的方式描述達文西的成就。這句話裡隱含了一個關於大師達文西的基本事實：他的天賦和作品，彰顯了他與神性之間的不凡而純粹的連結。

這便是達文西的天賦的源頭。本書希望能引領讀者，善用達文西的靈感和典範，讓自己更能感受到同樣的天賦之源。

都是達文西的成就嗎？

達文西的成就無人能比，但是，正因爲他的能力看起來實在超乎常人，就像肯普教授所說的「缺乏證據的撼人力量」，大家有時候會在沒什麼證據的情況下把成就歸功於他。下面列出最顯著的幾項：

✦創造杜林裹屍布。（很吸引人的想法，不過眞實性讓人懷疑。）

✦設計出史特拉瓦里小提琴(Stradivarius violin)。達文西的確設計製造過一些很棒的樂器，但這應該不在其列。

✦發明腳踏車。（達文西筆記本裡的腳踏車草圖，是作假的）。

✦設計直昇機。（達文西的螺旋狀螺紋釘，的確指出了直昇機的飛行原理，不過這和降落傘與滑翔翼不同，這個螺紋釘並沒有精準預示了後來的眞正發明）。

創造力的神聖源頭

「房屋都必有人建造，但建造萬物的就是神。」
基督教，《聖經・希伯來書》

「世界源於神。世界靠祂得以建立，
祂就是創造的起因。」
印度教，《毗濕奴往世書》

「萬物本乎天。」
儒家《禮記・郊特牲》

「耶和華用能力創造大地，用智慧建立世界，
用聰明鋪張穹蒼。」
猶太教，《舊約・耶利米書》

「榮耀歸眞主。祂創造天地，定黑暗與光明！
祂就是造你的人。」
伊斯蘭教，《可蘭經》

4 尋找聖杯

前去看高山深谷，卻看不清自己。

——聖奧古斯丁

《達文西密碼》一書的主角，哈佛大學的宗教符號學教授羅柏・蘭登(Robert Langdon)，與女主角法國密碼專家蘇菲・納佛(Sophie Neveu)爲了尋找聖杯下落，不讓聖杯落入壞人手中，卻使得自己身陷重重陰謀與危險之中。主業會派遣了巴黎首屈一指的警探，一位患有白化症的瘋狂殺手追殺他倆。蘭登和蘇菲兩人的逃亡，是按照蘇菲的祖父遺留下來以血和隱形墨水寫出的線索，祖父是被人殺害的，生前扮演了兩種重角色，既是羅浮宮館長也是錫安會長老。後來蘭登和蘇菲解開了字謎，找到藏在〈蒙娜麗莎〉畫作後面的線索，前往一家私人銀行的地下金庫，在那裡發現了一個特殊的密碼盒（發明者不是別人，正是達文西），盒子裡面藏著聖杯的秘

密。可是，就如同神話學家坎伯(Joseph Campbell)在《神話》(*The Power of Myth*)一書所提到的，「聖杯……活出自己的人，才能取得聖杯、了解聖杯。聖杯代表的是，發揮到了極致的人類意識中的心靈潛力。」

達文西可能設計過《達文西密碼》書中所描述的密碼盒，不過沒有確切證據支持這個看法。但無論如何，想找到聖杯的秘密，就得看看盒外，看進自己的內心。達文西也很了解這點，而這也是當代西班牙作家保羅・科爾賀(Paul Coelho)迷人的寓言作品《牧羊少年奇幻之旅》(*The Alchemist*)的寓意。故事中的牧羊少年穿越埃及，展開冒險朝聖之旅，尋找夢想中的寶藏，最後卻發現寶藏就埋在自家後院。科爾賀的寓言呼應了佛教的一個經典故事：一位年輕的王子爲了尋找無價的珍貴寶石，展開旅程，最後卻發現寶石從一開始就縫在他的外套襯裡內。

換句話說，寶藏、珠寶和聖杯，都藏在我們心中。這是普世智慧，在各個文化傳統裡相互呼應。

在本書裡，我們將研究如何利用達文西的心靈典範來「碰觸天堂」，喚醒並培養靈性，追求心靈成長。我們要試著打開自己，接受達文西的非凡天賦的源頭，讓達文西的七項特質引領我們，找尋心中的聖杯。

達文西的七項特質，是我在《7 Brains—怎樣擁有達文西的七種天才》中首次提

求諸己心

「君子求諸己，小人求諸人。」
孔子，《論語》

「神的國來到，不是眼所能見的。
人也不得說，看哪，在這裡。看哪，在那裡。
因爲神的國就在你們心裡。」
基督教，《聖經・路加福音》

「祂端坐所有人心中。」
印度教，《薄伽梵歌》(*Bhagavad Gita*)

「人的本質依神的本質而造。」
伊斯蘭教，《穆罕默德聖訓集》(*Hadith*)

「神就照著自己的形像造人、乃是照著他的形像造男造女。」
猶太教《舊約・創世紀》

「祂的光存於每顆心中。」
錫克教，那納克大師

到的概念，來自我密集研讀他的作品和生平後的歸納。除了研讀這位大師的文字，我也參考了許多傑出學者的作品。我試圖追隨他的腳步，以他的雙眼看世界。我探訪達文西的出生地安契阿諾和他臨終時所在的安布瓦茲，也到世界各地收藏了達文西原作的美術館參觀沉思。然後我開始夢見他，在潛心思考和研究了我所做的這些夢之後，便清楚浮現了這七項特質。

「七」這個數字很特別，威力強大。哈佛大學有項著名研究曾指出，人類的「短期記憶的極限」是七項（可能會多或少兩項）之外，還有以下這些事實：

一星期有七天。

西方音樂有七音階。

棒球局數有七局。

上帝花了七天創造世界（包括安息日）。

《聖經‧箴言》裡提到智慧七柱。

猶太秘密宗派卡巴拉（Kabbalah）的智慧樹有七分支。

佛陀花了七年求道。

佛陀在菩提樹下繞了七回。

蘇菲主義將心靈進化分成七階段。

印度傳統有七脈輪。

天主教有七大聖事。

審判日有七支號角響起。

《聖經・啓示錄》中耶穌手拿七星。

我在發現了達文西擁有七項特質之後，曾經嘗試找出第八個，也試過要把七項併成六項，但徒勞無功。達文西的特質就是七項，多一個少一個都不行。以下，我先簡單描述這七項特質，簡述達文西如何把各項特質融入生活，並將之「轉化」成靈性方面的運用。

一、**追尋眞理**（curiosita，好奇）　對於生命有無窮盡的好奇心，這也是學習和創造力的泉源。達文西可能是有史以來好奇心最強的人。好奇，也說出了我們渴望與神性有所連結。

二、**承擔責任**（dimostrazione，實證）　致力於用經驗與堅持不懈的態度來驗證知識，並且願意從錯誤中學習。達文西不相信教條和迷信，這也是爲自己的探索負責的表現。在靈性之旅中，我們必須爲自己的思想和行爲負責，最後更要對自己創造出的一切東西負責。

三、**精進覺知**（sensazion，感受）　不斷鍛鍊與磨利各種感官能力，尤其是眼

力，多方追求各種體驗。達文西注意到，「我們的五種感官主宰了靈魂」，他持續磨練察覺力，所以能進入創造的深處。

四、**接受陰影**（Sfumato，包容） 願意擁抱曖昧、矛盾和不確定的事物。達文西爲了尋找光，不僅是包容與理解了黑暗（既是字面意義的黑暗，也是象徵意義的黑暗），而這往往是心靈成長之路上的失落環節。

五、**調和陰陽**（arte/scienza，全腦思考） 左腦思考與右腦思考加以平衡，形成全腦思考。達文西的人格、面貌和作品，不只表達了邏輯與想像、科學與藝術之間的平衡，同時也均衡展現了造物中的陽剛和陰柔特質。

六、**整合身心**（corporalit，儀態） 藉由培養優雅風範、靈巧雙手、健美體格和良好姿態，達文西做到了身心合一。他先天的傑出體魄，以及在解剖、治療和健康方面的見解，都展現了他身心靈的整合。

七、**愛的表現**（connessione，關連） 體認到萬事萬物之間的相互關聯，並加以珍惜。達文西明白「所有事物都和其他事物有關」。他所指的是，天地萬物彼此相互連結，宇宙是神聖之愛的表現。

在接下來的第二部，將會說明如何把這七大特質應用在心靈成長。介紹每一個特質時，都會輔以達文西所創作的某一特定圖像來詳加闡述，並輔以世界幾大智慧

在閱讀第二部之前的說明

接下來的七章，讀者可以依照自己的喜好決定閱讀順序，想先讀哪一章就先讀哪一章。不過我建議，先把整本書看過一遍，再開始做練習；這七章都讀過之後，再重讀一遍自己最感興趣的那一章。

接下來，做「自我評量」，探索自己最喜歡的那一項練習。這項自我評量並不是考試，而是要藉此反映你的狀況。假如能花時間逐一思考每一題，而不是依自己的第一個反應就草草做出選擇，你一定會獲益良多。

書中所建議的練習，目的不在於提供一份按部就班的心靈開展課程，而是要讓讀者認識達文西的每一項特質之中所蘊含的靈性成分，希望能引發你更進一步探索的興趣。

第二部的每一章，都列出了實用資源（列於正文之後），引導讀者實踐更深層的應用。

傳統的名言。我們將會思考各個特質如何在達文西的作品中顯露出來，以及如何把這些特質連接上那些超越時間、舉世相通的心靈頓悟。接著是沉思，藉由簡單的自我評量，進一步了解在自己生活中出現的特質。最後會列舉若干練習，讓讀者更容易接受這些恩典。每章的結尾，也會引用達文西創造的圖像，好讓讀者在練習的過程中擷取靈感。

PART TWO

七種天才的心靈奧秘

毛毛蟲把自己層層裹住，

編織出讓人嘆爲觀止的精巧新住所，

由此而出後，拍著美麗彩翼，飛向天空。

——達文西論蛻變

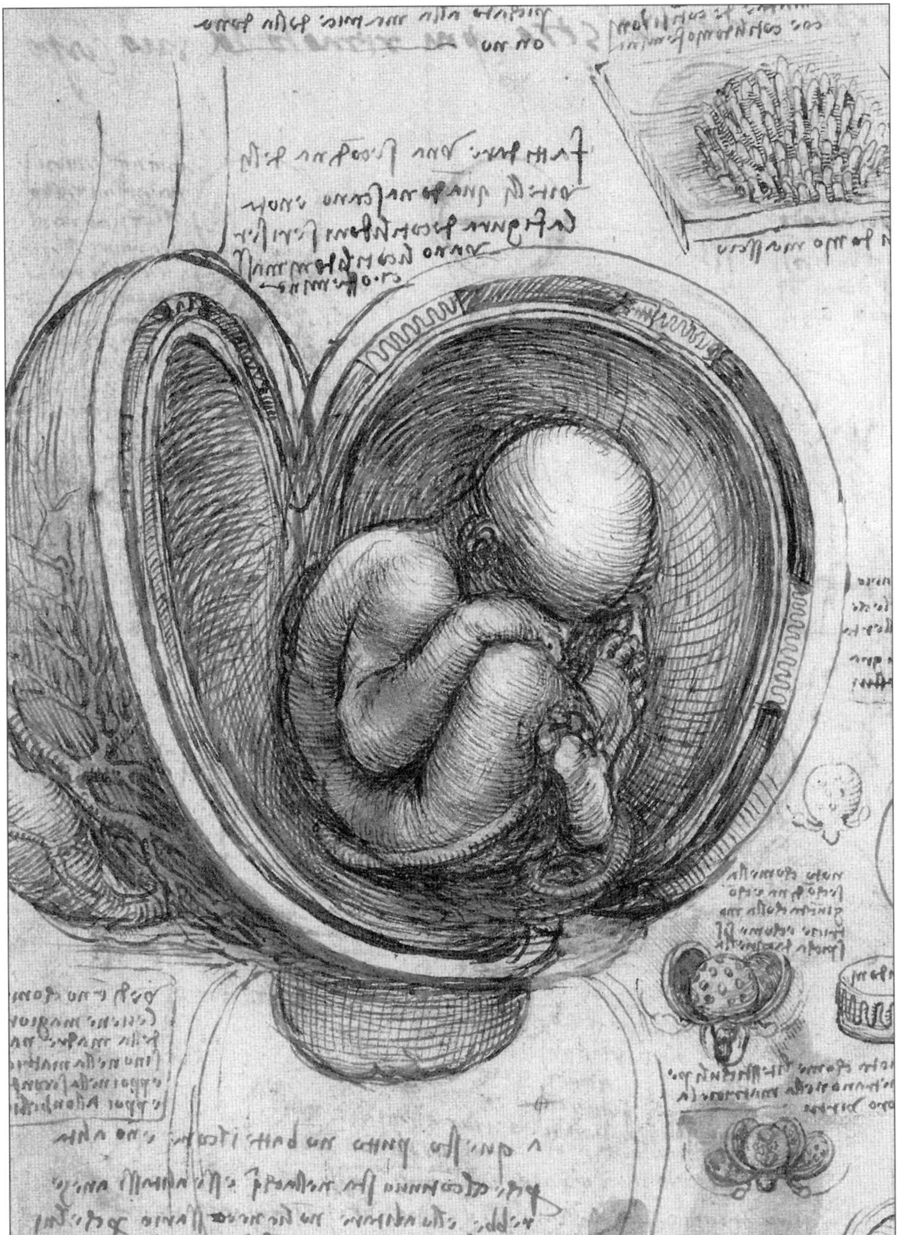

5 尋求眞理

但你們在那裡必尋求耶和華你的神。
你盡心盡性尋求他的時候、就必尋見。
——《聖經・申命記》

肯普博士寫道：「從來沒有人把子宮裡的胚胎畫得這麼好，捕捉到了命脈相傳的精神。」

達文西以無比的熱情探索生命的起源和創造的奧秘。他畫出了史上第一幅正確呈現人類胚胎的素描(如右頁圖)，這張令人印象深刻的素描，象徵了他那份無人可及的好奇心，他畢生對於眞理的追求。今日我們把關於孕育胎兒的子宮解剖圖視爲很一般的知識，但我們應該設想，當年達文西第一次看到這個奇蹟的細部知識時是如何驚艷與興奮。

對達文西而言，神性在大自然裡得到了彰顯，只要能觀察大自然，懷著崇敬之心欣賞大自然的完美，這才叫崇拜神。在這幅驚人傑作旁邊，達文西寫道：「雖然

人類的聰明才智可以利用不同機器創造出各式發明，但絕對不可能發明出比大自然更美麗、更簡單又更直接的東西。這是因爲在大自然裡既不缺少什麼，也沒有什麼是過量的。」

他接著提出胚胎發展的特徵，用陰性的「她」來稱「主動力」（primo motore，這說法還眞有趣）：「她不使用平衡錘就創造出了適合活動的四肢……卻在四肢裡放入了身體的靈魂（使四肢成形的，也正是靈魂）。那是母親的靈魂，先在子宮內造出人的形狀，時候一到，便喚醒那即將寓居子宮之中的靈魂。一開始先是在母親靈魂的守護下靜躺安睡；母親利用臍帶血管供給養分和生命。」

達文西所畫的胚胎提醒了我們，確實我們都來自同一個源頭。這幅畫喚醒了我們與生俱來的好奇心。每一個人生下來都帶著活躍的好奇心，以及探索、求知和理解事物的慾望，想尋找眞理。不過很少有人像達文西一樣終生保持旺盛的好奇心。以「人類潛能成就學院」（Institute for the Achievement of Human Potential）的杜曼（Glen Doman）的話來說：「所有孩子生來都擁有成爲達文西的潛力，是我們奪走了他們的天才。」

杜曼補充：「學習，乃是生命中最棒也最好玩的遊戲——這一點，所有孩子一出生就相信，直到孩子們被我們說服了，改而相信學習是困難而且不愉快的。不過有些孩子從來沒有眞的被說服，始終認爲學習是有趣的事，而且是唯一值得玩的遊

戲。我們替這些人取了名字。他們叫天才。」

杜曼致力於協助腦部損傷孩童恢復正常功能，他在這方面的工作卓有聲譽，也是業界前輩。杜曼的經典著作《如何教寶寶閱讀》（*How to Teach Your Baby to Read*）一書裡，提到了一個小男孩湯米的故事。湯米腦部受損的情況不樂觀，可能一輩子都無法正常運作，失去了閱讀能力。湯米的父母用幾年時間，使用杜曼的方法，與湯米一起努力，最後湯米不但恢復了正常，甚至可以往上閱讀比他高兩年級的讀物。如果腦部受傷的孩子都能在閱讀方面往上跳兩級，那麼所謂的正常孩子不知能達到什麼境界呢！杜曼的努力，爲腦部受傷的孩童帶來了希望，也爲所有人帶來了啓發。

「我向人類揭露導致存在的來源。」
——達文西

二十五年來我旅行世界各地，試圖帶給眾人靈感，喚醒他們的潛能。許多人乍聽，總是帶著懷疑與保留的態度。對此我一點都不覺得驚訝。大部分人都不會自稱天才。但是，去問問那些當父母的人，初次凝視自己的新生寶寶的雙眼時，他們看

到了什麼，幾乎所有父母都會說他們「看到了天才的光芒」，許多父母還會說他們看到了神聖的東西。

我們帶著那種神聖光芒出生，但老天沒有賜給我們訣竅讓我們戰勝學校和社會把我們「平庸化」的舉動。這些對抗的能力，必須靠學習才能得到。蘇菲派詩人魯米，有詩描述了如何釋放那些受到了阻礙而無法自由發揮的神賜天賦：

另一種聰明才智，是神賜下的禮物，
其泉源位於靈魂深處。
當神賜的知識之水從胸口湧出，
絕不渾濁，也不會臭腐。
此水本應從心房源源往外湧流。
一旦往外流的管道受阻，將是何等傷害？
必要的才智即如水道，從街道通往心房。
設若水道阻塞，此房便會枯竭。
要尋找你心中的泉源。

魯米呼籲我們「尋找心中的泉源」，要我們靈性的好奇心常保活躍，喚醒心中如孩童般的開放與純眞，以及來自「心房」的疑問。

無獨有偶，《聖經》要我們「變成小孩子的樣式」才能進入天堂。禪宗教人要放下執念，擁抱「初心」。孩童般的好奇心、驚嘆和學習的熱忱，都是心靈成長的泉源。就像佛洛伊德所說的：「偉大的達文西始終保有童心，像孩童一樣玩耍，所以他把同時代的人難倒了。」

請回憶自己的童年時光，試著回想，你是在幾歲的時候思索以下這些問題：

✦我是從哪裡冒出來的？

✦我們為什麼來到人世？

✦人死後會怎麼樣？

✦有神嗎？

✦我的生命有意義和目的嗎？

✦靈魂存在嗎？

✦我是誰？

這些問題，許多人因爲忙著在生活裡衝鋒陷陣而不再發問，或者就仰望他人尋求答案。然而，生命中免不了碰到心愛的人死亡、自己病重、丟了工作、婚姻破裂，這時才又開始沉思這些大問題。

動身尋找的人
才能發現智慧

- ✦ 基督教《馬太福音》鼓勵我們：「你們要先求他的國，和他的義，這些東西都要加給你們了。」以及「尋找的，就尋見。叩門的，就給他開門。」
- ✦ 佛教《法句經》提出：「後來精進的人，如無雲的明月，照亮這世間。」
- ✦ 伊斯蘭教的《穆罕默德聖訓集》勸勉我們：「從搖籃到墳墓，一生尋求知識。」也以神聖的邀請安慰我們：「不論是誰，只要朝我走一掌寬，我就會朝他走一肘尺；朝我走一肘尺，我就會朝他走一噚；只要朝我走來，我就會朝他跑去。」
- ✦ 猶太傳統中，所羅門王教導：「智慧散發光芒，開展不隱藏，愛她的人很容易就能辨識，尋找她的人很容易就能發現。她急忙讓渴慕她的人認識她……心思集中在她身上……智慧的開端，即是對指令最眞摯的渴望。」

請別等到悲劇發生了才開始尋找生命意義。這類關於生命的問題會帶動覺醒，並讓你重新發覺心中的好奇天性。

踏上追尋之路、欣然尋找眞理，以及渴望認識事物，都是心靈旅程的「主動力」。這種對於眞理的追求有多麼重要，可以在世界上所有的神聖傳統裡看見。

達文西爲了追求眞理，上窮碧落下黃泉。他在鄉間漫步，對著他不了解的事情提出疑問：山和谷地是怎麼來的？鳥爲什麼能待在空中不掉下來？閃電是什麼？它和雷又有什麼關聯？達文西終生以旺盛的好奇心探索大自然的秘密。

伴隨著他對於大自然的好奇心，他最重要的問題也一起出現：人類靈魂的本質爲何？這個核心問題驅使達文西挖掘女性子宮和生命誕生的奥秘，驅使他剖析死亡那一刻的樣貌，最後在畫裡捕捉並展現出前所未見的靈魂深度。

假如你也能像達文西大師一樣運用好奇心，尋找自我靈魂的眞相和內在的神聖體驗，那會如何呢？

「優秀畫家作畫的題材主要有兩項，就是人與其靈魂的意向。前者很簡單，後者很難。」

——達文西

尋求眞理：自我評量

- ☐ 我有寫手札或筆記的習慣。在上面記錄自己的發現、洞見，以及有關自我心靈成長的問題。
- ☐ 我聆聽小朋友問的問題，目標是把與孩子一樣的開放、純眞和好奇心融進心靈旅程。
- ☐ 我每天適度花時間沉思與反省來自靈魂本質的眞實聲音。
- ☐ 我培養實際的方法，加強對自我靈魂細微之處的感受力。
- ☐ 我無意識的習慣性思考和行爲模式阻礙了察覺。我想讓自我從這類模式中釋放出來。
- ☐ 我想要進一步察覺每日生活經驗中的心靈面向。
- ☐ 我樂意客觀看待各個不同的自己，包括自己不喜歡的部分。

靈性的練習

「好人生來就有求知慾。」

——達文西

練習一：記錄心靈筆記

綜觀歷史上的天才，幾乎都有寫筆記的習慣，不過達文西所寫的筆記超過了六千頁，這眞如同肯普教授加重語氣強調的，實在無人可及。（肯普教授和其他學者估計，達文西的筆記可能百分之八十都散逸了！）

達文西的筆記本傳達出他的好奇心是多麼不受拘束，又是多麼濃烈，而他所關注的題材橫跨各種現象，從探究光的本質和水的流動，到以視覺方式呈現人類靈魂和生死的本質。他以詩般的雙關語指出，寫筆記對於心靈是不可或缺的好處：「羽毛將飛鳥帶向天空，也可以將人類帶往天堂——以鵝毛筆寫出的字」。

我十九歲那年，明白了此生的重心將會在於自我成長和心靈探索，於是開始寫筆記。我在第一頁引用了德國小說家赫塞在《徬徨少年時》開頭的句子：「我只不過是想照著眞實自我的鼓舞而活，爲什麼會這麼艱難？」我確實渡過了艱難的好幾年，不過這幾年過去，照著眞實的自我活著變成比較容易的事了。我希望，這一章所提供的練習也能讓讀者過得清醒一些。

當你把達文西的特質實際加以應用的時候，若能配合著自己寫筆記，效果會更好。而我們寫的筆記不是外在世界的情況；這本心靈筆記是要用來記錄你自己的內在旅程。赫塞在《徬徨少年時》中寫道：「我以前是個追尋者，現在也還在追尋。不同的是，我不再向星星或書本尋求答案了。我已經開始聆聽體內血液悄悄教導我的一切。」

請花一點時間仔細思考以下的幾個問題，把思考所得寫在筆記本上。

首先是最基本的問題：「我是誰？」

回答這個問題，就會漸漸發現，你自己的外在表現是多麼無法盡數。你的身體改變了，而且會繼續改變。你每天體驗到情緒、感情和內心狀態，有時候它們的變化極大，甚至大到好像換了個人似的。換工作換職業，結婚離婚，變胖變瘦，從這間公寓搬到另一間——這些外在的改變都會造成內在變化，一如我們內在的改變會造

成外在的變化。然而，你的內在有沒有什麼是始終不變的？如果有，是什麼？你會如何描述它？你如何知道自己是誰？

- 你是藉由自己的想法來認同自己的嗎？
- 你是藉由自己的感覺來認同自己的嗎？
- 你是藉由自己的身體來認同自己的嗎？
- 除了自己的想法、感覺和身體之外，你還用那些方法來認同自己？

還有一個方法可以思索這些關於存在的大哉問，那就是用音樂作爲類比。把心靈想像成交響樂團，心靈各個不同的部分分別比擬成弦樂部、木管部、銅管部和合音部——而所有人都有打擊樂部。

- 指揮是誰？
- 合音部會不斷重複什麼音段？
- 誰是作曲者？

尋找這些問題的答案需要花一些時間，追尋過程中一定要養成傾聽自己和觀照內在的能力。這種能力可以從一個簡單的方法開始培養，也就是練習自我觀察。

練習二：自我觀察

達文西是第一個把風景當成藝術作品主體的義大利畫家，而他是以十分犀利而客觀的好奇心觀察自然世界。我們的靈性若想獲得成長，就必須對內在風景抱持這種開放而不武斷的態度。可是，我們很容易從自我主觀的偏見出發來過濾自我認知(self-perception)。

例如，你觀察過自己在接受別人指導時所錄下的影帶嗎？比方說你用錄影方式來改進演說技巧或高爾夫球球技？大部分人會很驚訝地發現，自己的表現遠遠不是自己的想像。這種實際狀況與想像狀況的差異，也會出現在

我們心裡藏著許多個體

人類嚴重的妄想之一，就是相信我們是一個整合的意識；我們說「我」的時候，指的都是同一個人格。加州大學醫學中心的羅勃．歐恩斯坦（Robert Ornstein）博士著有《意識的進化》(*The Evolution of Consciousness*)，他強調：「我們對心理狀態的自然看法嚴重扭曲……我們感覺到的統合只是錯覺……我們每天、每分鐘都在改變，並不是同一個人；我們心中有一個特別的系統，藏在我們看不到的地方，悄悄保存統一的錯覺。」

我們對於自我內在的認識。

這種落差是可以填補的，只要你練習觀察自己，把自己看得更清楚。

自我觀察是一項可以讓自己專注於心靈好奇心的強力工具。請每天或每週選定一個主題，依主題進行觀察，然後把心得記在筆記本上。可以把一天中湧現的思緒隨手記下來，也可以先記在心裡，再利用臨睡前的安靜時間把它寫下來。務必只寫下簡單準確的觀察，避免出現猜測、意見和理論，只要運用達文西所說的 **ostinate rigore**（精確不鬆懈）的態度寫下就是了。把自己當成別人來觀察，將可以讓這個練習發揮最大的效果。

我在三十二年前開始做這類的觀察功課，當時老師給的題目是不帶判斷的自我察覺。他要我們觀察自己，注意自己如何用判斷來篩檢自己的體驗。我發現，我所知覺到的一切，幾乎全被我自動用「喜歡／不喜歡」或「好／壞」來分類，我真是覺得既驚訝又慚愧。

如果你想體會這個自我觀察主題，一開始可以想一想：

你對於喜歡或不喜歡什麼、什麼是好什麼是壞的判斷，如何影響了你的體驗。

如果收起你的喜惡與好壞的過濾器，你的人生體驗會有什麼不同？

自我觀察，是鍛鍊靈性好奇心的重點訓練。學習用客觀方式看待自己，可以釋

出巨大能量，逐漸開展自己，轉換內在。

進行以「不帶判斷」爲主題的察覺時，請注意自己會不會習慣性就想評斷自己的練習到底做得好或不好。若發現自己冒出了「我做得好爛」或「我做得好棒」之類的念頭，你可就逮到機會取笑自己了；取笑過後，可要繼續把焦點回到客觀的自我觀察上頭。

這個練習可以一個人做，也可以找朋友一起進行，然後對照彼此的筆記。

練習三：拜蓉．凱提的四大問

拜蓉．凱提(Byron Katie)是位「悟了道」的老師，她的做法表現出靈性追求的核心，是一套足以改變生命的方法。她根據四個簡單的問題，引導人走向內在的自由。這四個問題，對於世上所有眞心追尋內在自由的人都適用。

套用凱提的說法，這四個問題「燒盡一切對你而言不實在的東西，一路燒到只剩下事實，那些一直等著你的事實」。這四個問題是：

一、它是真的嗎？

二、你能確定它絕對是真的嗎？

三、你在出現這個想法時，有什麼反應？

四、如果你不那樣想，你會是個什麼樣的人？

凱提接下來的第五個步驟是深入研究，把原先的撿設加以「逆轉」。

我們就用這四個問題來探索生活裡的課題，淺嘗這個練習的過程。我們先從幾乎所有人都經常會體驗到的事情開始：由於覺得不被身邊親近的人欣賞而感到憤怒、受傷或被排斥。

請想一個你生活中的例子，以命題方式把問題表達出來。譬如，「——不欣賞我，所以我討厭他。」

寫下命題（也可以把它大聲唸出），然後就開始問第一個問題，開始把命題「一路燒盡」。

一、它是眞的嗎？問自己：「——眞的不欣賞我嗎？」

你要用純粹的好奇心問出這個問題，然後，仔細傾聽你的內心，直到答案浮現。就像凱提所說的：「如果你眞的想知道事實，問題的答案就會浮現。」

然後進行第二個問題，用它來增進詢問的深度，並集中焦點。

二、你能確定它絕對是眞的嗎？再讀一次你前面提出的命題，想一想自己是不

是真的確定「＿＿不欣賞我」。

你真的可以確定某人欣賞你或不欣賞你？你有沒有曾經敬佩某人，後來卻發現那人根本不知道你對他有這種感覺？

下一個問題會幫助你發現這個命題對你造成的影響。

三、你在出現這個想法時，有什麼反應？換句話說，當你想著那個命題，你感受到了什麼？這又如何影響了你與那個人的相處？

凱提建議我們一一寫下自己的反應，列成一張單子，像是「我就不理某某某」、「我就不表達出自己對他的欣賞之意」或「我就更加努力討好他，希望獲取更多讚賞」。

繼續往下探索，儘可能徹底挖掘自己在覺得不被人欣賞的時候會出現什麼反應，譬如「我覺得沮喪」、「我覺得自己很糟糕」或「胃開始痛了起來」等等感覺。深入自己的內心，傾聽自己最深處的想法，了解自己在相信那個命題爲眞的情況下，會如何反應。

最後這第四個問題帶我們進入自己本質的核心。

四、如果你不那樣想，你會是個什麼樣的人？那個命題，對於你的自我認同扮

演了什麼角色？如果你抛開「——不欣賞我」的這個想法，你會變成什麼樣的人？

請閉上眼睛，想像那個不欣賞你的人，也同時想像並沒有「他不欣賞我」這回事。再進一步，想著也沒有「我應該被欣賞」的這回事。慢慢來，讓自己用充分的時間接納這個消除命題的過程。

注意自己對第四個問題所產生的各種細微反應。你的感覺和內在體驗有沒有產生什麼變化呢？

第五個步驟是要自己「逆轉」。也就是把原先「——不欣賞我，所以我討厭他」的這句話逆轉成「我不懂得欣賞——，所以他討厭我」，並加以體驗。

這句話是眞的嗎？是不是因爲自己先不欣賞別人，或是沒把讚賞之意表達出來，才會影響了那個人對你的態度？換句話說，會不會是你們雙方都鎖在自我防衛的循環裡？找一找還有沒有別的例子，也是因爲你先不欣賞別人，所以才會製造出一個不良的相處關係。

還有一種力量強大的逆轉反省，是像「我討厭自己；因爲我不懂欣賞自己」這類的句子。可不可能這是眞的，甚至比你先前的命題還更眞實？

以類似方式繼續深思幾種逆轉情況。如同凱提所說的：「逆轉反省，是一劑獲取健康、平靜和快樂的處方。你能不能把你開給別人的藥方也開給自己服用？」

凱提與史蒂芬・米契爾(Stephen Mitchell，把《薄伽梵歌》和《道德經》譯成英文的知名譯者)合作，一起撰寫了一本可以讓人得到領悟的書，《愛上眞實：改變人生的四大問題》(*Loving What Is: Four Questions That Can Change Your Life*)。

練習四：純眞

達文西筆下的孩童素描和繪畫都相當了不起，不但精準掌握了外形的特徵，也畫出了純眞無邪的美好與靈魂。若能回轉成一個孩子的樣式，便能朝天堂邁進一步，再次體驗到自己的純眞無邪。

找時間與小朋友相處，向他們學習。

我剛開始寫這本書的時候，到朋友家做客，他們五歲的小女兒茱利亞長得非常美麗。晚餐快吃完時，茱利亞繞著餐桌走了一圈，向每一位在座的人親吻道晚安。

我問她：「你早上幾點起床？」

「我都睡到很晚。」她回答。

她媽媽在一旁解釋，「很晚」是指早上六點！

於是我說：「好，這樣明天早上我還能見你一面。」

茱利亞回答：「嗯，到時候我會在床上，聽我的心在說什麼。」

這一段小小對話提醒了我，每天都要花一點時間聆聽自己的心說了些什麼。

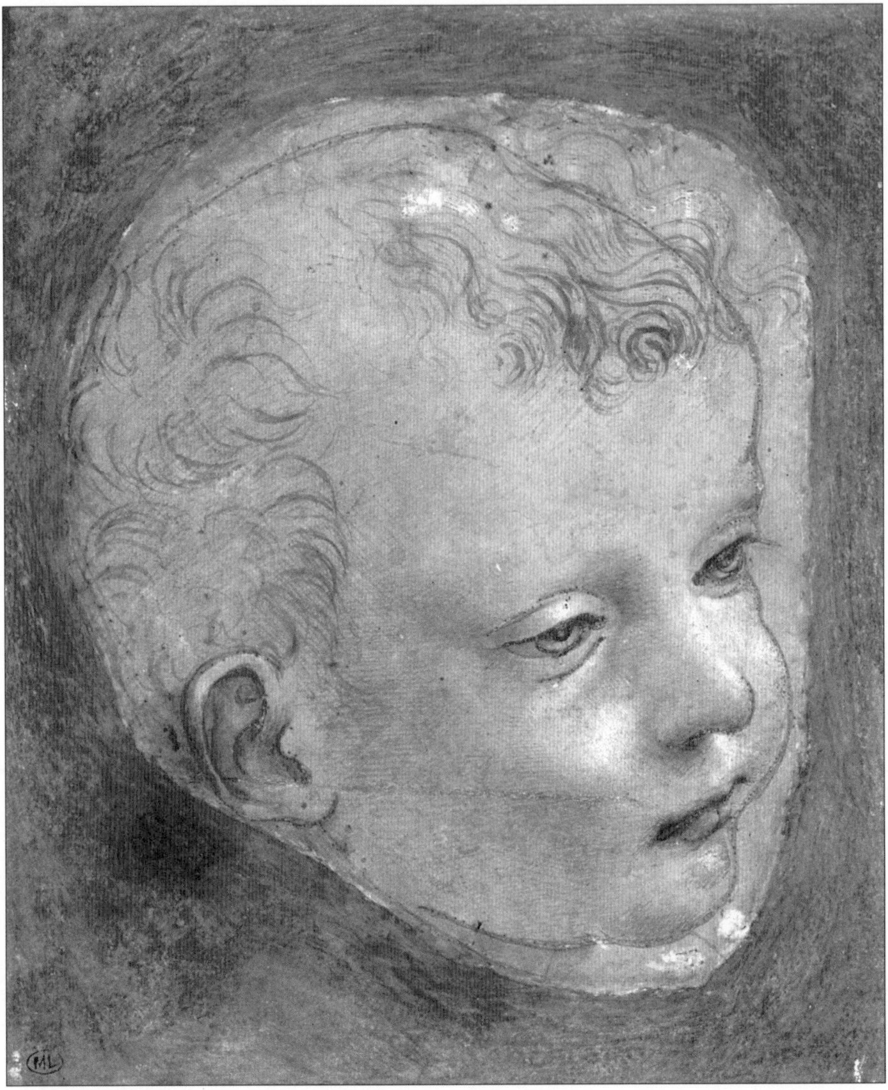

6 承擔責任

「出乎爾者，反乎爾者也。」

——《孟子》

達文西大師對飛行之夢著迷，花了好幾年的時間研究空氣動力學。他畫了很多飛行機器的草圖，也讓想像力往前跳了一大步，成就這張引人注目的降落傘圖。

早在人類飛行之前，達文西就設計出了降落傘，這眞可說是人類發明史上的一大創新。現代工程師確認了達文西所提出的比例確實是可行的。右頁的圖就是達文西所畫的降落傘，他在圖旁邊做了以下的說明：「如果以長寬各十二厄爾（約合二十七英呎）沒有任何破損的麻布做成篷帳，那麼不管從多高的地方跳下來都能安全落地。」

達文西這幅看來脆弱卻引人入勝的素描，不但代表了想像力和創新的躍進，也以一種銳利的方式象徵了存在的勇氣——那是我們爲了承擔起探索靈性的責任所需要的勇氣。

達文西的降落傘似乎想說出以下這種看法：在看起來一片廣漠的虛空之中，我們以幾條細細的希望之繩——如同我們仰望神的恩典——和一塊一百四十四平方厄爾的布塊（這是達文西藉著科學觀察得到的數字），飄浮在空中。思及宇宙的浩瀚，實在讓人覺得孤獨而渺小，但我們還是必須接受挑戰，敞開心胸，接受宇宙的奧秘。

達文西卻願意承擔起責任，以觀察與經驗而得的智慧爲基礎，建立一個原創的嶄新世界觀。需知道，在達文西那個時代，我們現在所了解的「個別性」(individuality)還不存在，而權威高於個人，也鮮少有人會對週遭事物提出質疑；在這樣的環境裡，達文西卻勇敢尋找自己的答案。他質疑宗教組織的行徑是否過度，也對他們的權力鬥爭提出質疑，並且不相信煉金術、迷信和占星（不過從他記在筆記本上的帳目發現，他在少數特殊狀況裡好像迷上了找「算命師」商談）。他寫道：「很多人以販賣妄想和假奇蹟維生。」他也警告要小心「深奧科學中的矛盾衝突，造就了無數江湖郎中。」

達文西敢於看清事物本質，拒絕模仿，質疑權威，獨立思考；這種種態度不管在哪一個時代都非常值得讚賞，想到他承接的是千年來以爲「該知道的東西人類都知道了」的傳統，就更讓人對他嘖嘖稱奇。

教會的主事者在達文西所屬的時代——以及其前、其後——要眾人相信，如果觀察經驗與教義互相牴觸，最終應該是教義獲勝；然而達文西認爲，獲勝的應該是

飛行之夢

一些編年史學家相信，達文西的某位門生測試過他的飛行機器，從佛羅倫斯城外的希瑟里小山丘(Monte Ceceri)山頂起飛，不過卻以災難收場。達文西沒能在有生之年實現飛行之夢，但是最近有家英國空中運動公司依他的設計圖做出雙翼，由世界滑翔翼冠軍樂登(Judy Leden)在薩塞克斯試飛。試飛成功！樂登表示：「我第一個反應是震懾於它的美麗。他們跟我說滑翔翼可能會因我的重量解體，要我飛行時別超過預計摔下的高度。那時感覺是有點恐怖，不過結果證明它比現代滑翔翼要堅固多了。」

達文西設計的降落傘最近也由另一位英國人，跳傘專家尼可拉斯(Adrian Nicholas)進行測試。尼可拉斯把一百八十七磅的木頭，以及根據達文西設計、採用米蘭當地材料所做的金字塔形帆布降落傘綁在身上，然後在南非的姆布馬蘭加省(Mpumalanga)從升到一萬呎高空的熱氣球上跳下來，平穩地下降了八千呎 才打開現代降落傘降落。尼可拉斯形容這次經驗：「不可思議……我覺得意氣風發。感覺像是搭熱氣球飛行一樣。風呼嘯過耳邊，我還可以欣賞下方的河流。落地的時候，我很感謝達文西讓我體驗到這麼棒的飛行。」

「實證結果」。他獨立思考的能力和堅持信念的個性無人可及，加上講求第一手的觀察與經驗，這些特質在他身上共同作用，形成強烈的責任感。他知道，雖然外在壓力逼迫他接受教條，但他自己最終必須爲自己的想法和判斷負責。

「愚蠢的人類！你難道沒發現，你花了一生時間和自己相處，卻未察覺自己主要擁有了什麼。蠢，就蠢在這裡。」

——達文西

達文西體現了蘇菲教派箴言所說的，「嚐過的人曉得味道」。我們也在詩人惠特曼(Walt Whitman)的話中，發現達文西所強調的藉由實驗來取得體會：

不該再相信第二手或是三手資訊，
不該再以古人的眼光看世界，
不該再以書中鬼影爲養分，
也不該用我的眼光看世界，
不該盡信我言，
當聽取各方說法，自己再加以過濾。

達文西鼓勵學生當一個「發明人」，也就是像他一樣，會質疑同代人所接受的理論和教條，而後加以「過濾」的獨創思考者。他寫道：「沒有人該模仿他人的行爲。若不如此，就成了自然之孫，而不是自然之子。天地間蘊藏豐富事物，務須直接接觸大自然。」正是以這種態度，達文西率先用科學眼光解構了《聖經》裡大洪水的故事。達文西參考證據，認爲以字面意義來解釋大洪水，「只要有點腦子的人都不會相信」。

達文西的獨立精神並不是不需要付出代價的。他遙遙領先同時代的人，很可能是有史以來最寂寞的人之一。傳記學家梅里考斯基(Dmitri Merejkowski)說達文西太早醒來，身邊所有人都還在睡覺。

儘管承受了種種逆境，達文西從未失去尋求眞理的勇氣。儘管他說過，極度感性會讓人承受極大痛苦，但他所寫的文字整體而言仍然展現了一顆不肯屈服的心靈。

達文西計畫在米蘭製作一座二十四呎高的雄偉青銅馬雕像，他全心塑造了一座實寸黏土模型，投入了十六年心血，卻在一四九九年眼看著自己的心血被入侵義大利的法國軍隊當成靶子練習射擊。達文西寫道：「我知道局勢如何；我不該談那匹馬的事情。」法軍的入侵也使得米蘭公爵斯佛扎(Ludovico Sforza)出宮逃亡。斯佛扎

一離開，達文西失去了他的贊助，當下成了難民，在義大利各城市間輾轉流浪了好些年。

他一生六十七年歲月還面對過很多挑戰，譬如年輕時因爲被指控爲同性戀，在案子撤銷前都被囚禁在佛羅倫斯；譬如他在梵諦岡的贊助人朱里亞諾・梅迪奇（教皇李奧五世的兄弟）英年早逝；他的傑作〈安加利會戰〉(The Battle of Anghiari)因爲他用來讓顏料快乾的技法出了差錯而毀壞；他同父異母的兄弟設下圈套，讓他得不到父親遺產；達文西後來在流亡法國時期中風，右半邊身體癱瘓，三年後過世；當然，他無法實現飛行之夢。

面對大大小小的挑戰，達文西寫下文字鼓勵自己，肯定自己，並給予自己啓發；「我要繼續下去」、「身爲有用的人，永遠不厭煩」、「阻礙不會讓我低頭」、「每一個苦難都會被毅力給擊敗」，以及「把航道鎖定於一顆星星，必能安然駛過風暴」。達文西用來鎖定航向的星星，就是他知性上的嚴謹作風和他不受既有觀念束縛的態度。

「神哪，見我們一分耕耘，請賜我們一分收穫。」

——達文西

達文西提到，要保持開放態度才能得到啓蒙。他寫道：「人被什麼騙得最慘？自己的意見。」就像禪宗三祖僧璨說過，開悟始於「放下執念而已」。

此外，達文西也明白自助者天助的道理，而有時這並不容易實踐。

那些爲我們帶來了「美」與「善」的耕耘，指的不僅是我們在外在世界中的努力，也包括了我們的內在修爲和我們對於倫理道德的覺察。達文西強調，「行出公義，需要有力量、頓悟和意願」，他敦促學生認知到「不懲罰邪惡之事的人，就是要人去做惡」，「走直路的人很少跌倒」。

威爾許(Roger Welsh)在他那本討喜的《靈性初探》(*Essential Spirituality*)書中，說明了爲我們自己對待別人時的意圖和行動負起責任是多麼重要的事。「想給別人

種瓜得瓜

- ✦猶太教，《聖經・詩篇》：「你照著各人所行的報應他。」
- ✦基督教，《聖經・馬太福音》：「他要照各人的行爲報應各人。」
- ✦印度教，《大鵬往世書》(*Garuda Parana*)：「種什麼因，得什麼果。」

的，其實就是給自己的——這是一項心理和靈性的通則，它有力而且重要，可惜它也是最不被理解和珍視的靈性原則。一旦我們了解了它，它就能改變所有人際關係的基礎。倫理德行的最重要關鍵——就如同佛陀所指出的——在於，你所做的一切都會回到你身上。

這一點，也可以用印度教的「業報」來說明。這個業報之說，可以解釋世上所有關於想法、感覺、意念和行動的回饋系統。業報之說，也可說是因果，使得我們為了靈性成長非得做到自省的功夫不可。我們唯有以最清明的意識來探究我們的意念與其作用之間的關係，才可能實現自我的最高夢想。達文西寫道：「人無法增一分或減一分你能支配自己的力量。」

達文西的問題都是「大哉問」，它們都與生命起源、飛行的奧秘、靈魂本質、美的要素和死亡的意義有關。他一生航行在不確定的暗流中，即使他的心靈早就高過群星，他卻還是依據日常觀察提出他的看法。他體現了琴恩・修絲頓所呼籲的，要讓心靈成為「星際之門」(stargates)。

達文西向你招手，要你覺醒，為自己思考，擔負起開啓自己星際之門的責任，然後體驗世上一切新鮮與美好。

承擔責任：自我評量

□ 我以自身經驗爲基礎，形成我自己對於「靈性」的理解。

□ 我能分辨迷信、宗教信仰或儀式和靈性體驗的差別。

□ 我努力運用自己的實際經驗，測試
自己對於靈性有多少了解。

□ 我爲自己的想法負責。

□ 我爲自己的情緒負責。

□ 我爲自己的身體負責。

□ 我爲自己的意念負責。

□ 我爲自己生活中得到的結果負責。

□ 我接受家庭在我成長過程中所給的宗教教誨。

□ 我不接受家庭在我成長過程中所給的宗教教誨。

□ 我試著在我成長過程中所接受的宗教教導和我
自己的實際經驗這兩者之間，尋求和解。

靈性的練習

「人不管做什麼或得到什麼，只要行爲是在能力範圍內，就應受讚賞或責備。」

——達文西

練習一：法蘭可光譜

我十四歲時知道了這麼一位人物，他是以實證方式追求靈性成長的英雄，維克多・法蘭可（Viktor Frankl）。我那時期正掙扎著逃避無意義的感覺；我讀到了關於猶太人大屠殺的歷史之後就籠罩在那種感覺之下。

法蘭可著有《活出意義來》(*Man's Search for Meaning*)一書，他本籍奧地利，是一位精神科醫師，在二次世界大戰期間被納粹關進集中營。集中營的生活極其可怕，但法蘭可領悟到，儘管納粹限制了他的行動自由，但無法剝奪他的心靈自由。他後來便創立了一種心理治療系統，稱爲意義治療法(logotheropy)，是一種以內在自

由爲中心來面對人生的心理治療法。法蘭可寫道：「人所有的東西都有可能被奪走，只有一樣東西奪不走。那就是人類最後的一項自由——也就是不管環境如何，都能自己選擇要用什麼態度面對它的自由。」

法蘭可是個罕見的例子，他實踐了印度聖雄甘地所說的，一個能在可怕環境中展現出「想在世上看到什麼改變，就先成爲那個改變」這項大智慧的人。法蘭可與達文西和甘地一樣，大大激勵了我們，如何經由心靈自由來承擔責任。

我在遇到困難或冒出了抱怨的時候，或是把自己的境遇怪到某人頭上的時候，就會想一想法蘭可，然後馬上轉換態度。

大多數人都有幸獲得一定程度的外在自由，以及伴隨而來的舒適生活，這些可能會使得追求靈性的實證意義變得不那麼重要。再者，我們動不動就興訟，講求自己應得的利益，這種文化誘使我們覺得別人都虧欠我們，覺得我們應該在身外尋找自己所需要的東西，個人責任感就在這種想法下日益式微。

我所說的「法蘭可光譜」是一種測量方法，可用來測量意識和責任感的指數。讀者可以把它想像成一條線，從左到右，依序標示出百分之零到百分之百的刻度。最右端，是百分之百，指的是像法蘭可、達文西和甘地之類的人，他們完全可以對於自己的思想、意圖、行動和對於他人所造成的影響負起責任。

最左端，也就是百分之零的區域，指的是那些喜歡怨天尤人的人，他們的想法

和行動都認為一切都是別人的錯。就像小偷跑到別人家偷東西，自己被家具絆倒，最後卻告屋主傷害罪。這樣的意識正是此類代表。

我們該如何知道自己位在百分之幾的位置？首先，先檢視自己所說的話，然後用一個一到一百的數字來給自己的責任感打個分數，在光譜上找出自己的落點。

一般來說，位在這個光譜的較低數字端的人，常說出以下這些典型的句子：

「我太太／先生不了解我。」

「負責的人根本不鳥我。」

「要是……就好了。」

「我沒辦法……」

「我做什麼都沒有用，不能改變情況。」

「他們不會讓我做的。」

「他把我惹火了。」

如果你說過以上任何一句話，或者你老是喜歡怨天尤人、與別人同病相憐，這時先不急著改變。不必馬上運用膚淺的正面思考法在你現下的真正感受上面，只要繼續觀察或看著自己的抱怨哀號就是了。不同之處在於你現在意識到了自己在抱怨，所以可以出於自由，選擇要不要繼續哀號下去。當然，你一旦覺察了，哀號就

開始變得無聊。因此，你只要認同了、接受了並取笑了自己老是愛抱怨的那部分，你就更能選擇比較有建設性的方向。

以下則是幾種位在數字較高的那一端的反映：

「我自己選擇如何回應這個人或這個情況。」

「我教別人應該如何對待我。」

「我沒辦法改變別人，只能改變我自己看待他們的方式。」

「我該如何改變目前使用的方法，讓結果更好？」

「我所討厭的這個人或這個情況，說出了我自己個性中的哪些地方？」

現在，選一個你去年遇到的棘手難題，可以是工作上的困難，也可以是重要人際關係間的問題。在筆記本上寫出你當時的反應。你要像是在觀察別人似的，客觀審視自己的反應，寫下自己位在法蘭可光譜的哪一點上。

接下來，把它想像成是你自己選擇讓這些事情發生的，然後，重新描述這一件事。例如，假設你的情況是你結束了一段感情關係，注意你是如何開始描述這件事，你是不是寫下「他離開我」，把自己寫成被動接受別人決定的人。

再看一遍，想像是你自己決定要和一個終究會離開的人在一起。有沒有可能，你心中有一部分的自己是希望那個人離開的？那個人離開後，你得到了好處嗎？

選擇為自己生活中各種事情的結局負責，就能發展出明智做選擇的能力。

練習二：三重角度練習

這幅美麗的花朵素描，象徵了達文西如何從經驗中學習。他在觀看物體（花朵、臉孔，以及他在研究身體的解剖構造時所畫的身體各部位）時，至少會從三個角度觀察，因此能擺脫固有看法和偏見，把東西看得更清楚。

舉例來說，他在〈繪畫論〉一文中解釋，我們「看別人的畫比看自己的畫容易找到錯誤」，所以一定要先拉出一段距離觀看；然後，觀察作品在鏡子裡的映像；

最後，先稍事放鬆休息，讓心思更清楚開放之後，一定要請教另一個人的意見，虛心受教。

達文西的「三重角度原則」，對於精確再現外在世界很重要，對於掌握個人的內在世界也一樣重要。現代的靈性典範，達賴喇嘛，在他所著作的《快樂》(*The Art of Happiness*)一書中對此做出解釋：

> 懂得藉由不同的觀點看待事情，會很有幫助。(……)。人一定要了解，任何一個現象或事件都有不同面向。拿我來說，我流亡海外，從這個角度看來，我的際遇很悲慘——甚至還有比這個更糟的事情。我們的國家禍亂四起，這是非常負面的事情。但若我換個角度看這件事，我這個難民身分讓我有了另一個觀點。難民不需要遵循正式禮儀、典禮和繁文縟節。(……)災禍當前，你沒有時間裝腔作勢。從這個角度看來，我反而因爲落難在外而得到不少助益。此外，身爲難民，我增加了機會見到很多人，他們來自各種宗教傳統，來自三教九流，如果我留在自己國內，應該就沒有機會見到這些人。從這一點看來，成爲難民對我有很大很多的幫助。

我當然知道，人在承受壓力或是面對痛苦失落的時候，實在很難以達文西和達賴喇嘛的方式思考。我們的眼界變窄，很容易就以爲自己是受害者，無法控制那些

事情。不過，我們可以控制自己的反應方式；尤其是假如我們在日常狀態下就經常訓練自己，用擴大視野的原則來看待事物。

你現在就可以開始結合內在的自由和責任感，試著建立一種態度，在面對壓力的時候，能把所有經驗都看作是成長和學習的機會。

就像前文提到的達賴喇嘛所描述的他因爲流亡在外所面對的難題，以下請你做個練習：

✦寫下一個你目前生活裡的挑戰，大略描述它，把它寫在筆記本上。

✦往內心挖掘，寫下你對這種情況的假設和感覺。

✦外力侵入並統治了自己的家國，導致諸般難題和慘境，對此達賴喇嘛坦然接受，並且從成長和學習的角度看待這些事所造成的影響，還說他覺察到了好的一面，譬如見到了各種人、不必虛矯、掙脫繁文縟節的束縛。請你也試著以同樣的方式面對你生命中的困境。

✦用三種不同的角度，觀看自己所處的困境。此外，你能針對這個情況做出三個假設嗎？

✦這三種觀點帶來哪些新資訊？這些新資訊如何影響了你的想法和感覺？請把心得寫在筆記本中。

「看過我的（解剖）素描，便能了解人體所有的部位；每個部位的素描當然都以三種不同的角度呈現。」
——達文西

吉兒的例子

我的朋友吉兒很大方，願意與我們分享她筆記中的三重角度練習。她把三重角度的練習拿來面對她結婚二十年之後離婚的情況。

分居前一年，吉兒已經察覺先生的心裡有別的女人，她質問先生這件事，先生不肯承認。但吉兒不想因爲自己害怕先生會爲了新歡而拋棄她就做出什麼反應。她很快得知，先生向他們的一個孩子引介了那個女人，並對吉兒說，他在這個婚姻裡過得不快樂。先生沒有明白說要離婚，但說不想慶祝即將到來的結婚二十週年紀念日，也開始談分居。

吉兒的先生二十年來一直抗拒找婚姻諮商，但最終還是同意了。他在諮商過程中否認自己是爲了離婚才來協談，他說不管結果如何，他都會坦然接受，還對吉兒說他愛她。對此吉兒是這樣描述的：「他碰到很直接的問題就會採用迂迴戰術，不肯正面回答，而且從來不清楚說出他想要什麼，或是他想怎麼做。」她覺得，先生會同意接受治療，眞正原因是想讓治療師幫他從他們的婚姻中解脫出來。最後，決定

離婚的人是吉兒，這使得她先生得以堅稱，婚姻破裂，他沒有責任。

她的前夫現在和那個女人在一起，而吉兒則經歷了一段非常痛苦的時間，失去了她所愛的人，又得面對不清不楚的情況（如果不說那根本就是不忠實）所造成的結果。以下是吉兒筆記本中的文字，她寫下她如何用三重角度練習讓自己跳出受害者情結，獲得力量，並原諒對方。

角度一：怪罪

他老是說自己重視誠信正直，他說誠信是人唯一能擁有的東西。但這些事讓我覺得，他幾乎沒有一點誠信可言。我不認爲自己是聖人，但我確定是他違反了我們的結婚誓言。我那時候覺得他處理我們的關係時很狡猾，採用被動攻擊的方式，操縱著事情，讓它朝向離婚的方向進展。他在根本事實上面塗上一層亮光漆，但事實上他欺騙了我，而我要說這是他的錯。有一段時間我責怪自己，覺得他會被別人吸引是因爲我沒有好好扮演太太的角色，滿足他，不提自己需要什麼，諸如此類的。我也怪自己長時間縱容他。

把責任推到他身上，我是可以得到平反的感覺，問題是這種感覺不充實，也缺乏建設性。追究是誰的錯，只讓我對他和對我自己都感到憤怒和不快樂。

角度二：個人的責任

等到我透過個人責任的鏡片來看這件事，所看到的就和先前很不一樣。我認識他的時

候，他是有婦之夫。我和他的孩子見過面，而他處理離婚事宜期間，我和他住在一起。除了說自己當時年輕，我有什麼藉口說我沒有想到他會再犯？

和他在一起的日子，我並不快樂。兩人間的緊張關係，以及他在所作所爲上顯示的唯我獨尊性格，只更讓我強烈渴望得到親密感和兩人同心的感覺。是我允許了我和他各過各的生活，默許他爲所欲爲，硬要自己接受我無法接受的事，情況嚴重到我甚至沒辦法估計我已經忽視自己到什麼程度了。我找到了一些健康而有助成長的方法，也找到一些不健康、不平衡的方法來處理我的痛苦和焦慮。但我就是不敢劃清界線，挺身維護我們的關係。如果我早一點這樣做，應該更早就能結束我和他的關係。我這樣說並沒有怪自己或怪他的意思，純粹就事論事。說不定是我助長了他的策劃分居和離婚；因爲我不敢提出來。

無論如何，我看到過去的自己選擇他，而且一開始事實就擺在眼前——他會做出傷害我們關係的事情。婚後我選擇配合他的不當行徑。現在我發現自己是因爲害怕才會放棄權力，於是削弱了自己的力量；我怕萬一我對他挑釁，會被他拋棄。雖然說我多年來感受到的就是一種無形的拋棄。好消息是我在這事上面重拾了做選擇的權力，覺得自己的力量又回來了。我不時會感受到強烈的憤怒，不過我現在的焦慮程度是二十五年來最低的。

角度三：祝福

開始用「爲自己的決定負責」的角度看整件事。很難，像在吞嚥苦藥。怪罪別人然後自己覺得痛苦，可眞是輕鬆容易。不過由於我已經加重了自己在這一切事上面的責任感，所以

增加觀察的角度

「換個角度看事情……會發現，帶給你憤怒的行爲和事物，也給了你一些機會，且是只會在這情況中出現的事物……因此，假以時日，你就能從許多不同角度看同一件事情。這樣很有幫助。」

——達賴喇嘛

我覺得比較能原諒他和原諒我自己了，也比較能思考這整場連續劇般的事件帶來的祝福。也許他在我生命裡扮演的角色是老師、帶動者、朋友、熱情的伴侶，以及一個陪我成長的人（我認識他的時候才二十四歲），他讓我享有一個美好的家庭（我有三個很棒的孩子，都不是我生的，不過我到現在和他們還是很親）。

也許我早有預感，我們會在一條路上同行，一直走到路的盡頭；在這條路上冒險，本來就是件有價值的事，就算偶爾會遇到大困難。雖然我們協議離婚的過程算是順利，卻還是很痛苦，有待慢慢復原——這些都是要學習的。我不是在當個假惺惺的快樂小天使，也不是

在嘲諷。眞的，要不是因爲他個性獨來獨往——他在各式各樣的事情上都很獨立，從經常不在家，到財務，到對我封閉他自己，到不讓我參與他的生活和朋友——要不是這樣，我也不會負起責任照顧我自己。就算他以前願意讓我多依靠一些（至少在財務上），也無法增加我們實質上的親密程度。總之，結局很可能還是一樣。

我開始更加照顧自己。還沒離婚的時候，我買了房子；因爲我想要有根的感覺，不要我們在租來的房子裡只能做這些事情。我有一群自己的朋友，也有一份不錯的工作。是的，我還是會覺得痛苦；然而痛苦本來就是人生的一部分。佛家說：「苦是必然的，但你可選擇要不要覺得苦。」我想到事情會發生一定是有原因的，也體認到我們對於這個情況都要負責，我就覺得生活更有力量。

我選擇要張臂擁抱個人成長和意識清明的道路——讓這一切經驗對我變得更眞實，每天聆聽自己的靈魂，聽從靈魂的催促，充分品嚐我領受到的所有祝福。

練習三：三椅練習

這是三重角度練習法的另一種版本，特別適合用來洞察和自己起爭執的人。

在心中想著一個與自己相處得不太愉快的人，也許是老闆、配偶、父母、孩子或朋友，總之他是一個在行爲上或態度上對你造成困擾的人。

1. 把你的問題寫在筆記本上。

2.準備三張椅子。兩張面對面，第三張則像旁觀席一樣，擺在旁邊。（你也可以不擺出三張椅子，只是在腦中想像。）

3.往第一張椅子坐下，想像那個人就坐在你正對面。什麼都不說，只靜靜凝視那個人。你坐在椅子上，有什麼感覺？你希望發生什麼事？把你的想法寫在筆記本上。

4.換到對面的椅子上坐。想像自己是那個人。假裝可以看到自己就坐在對面。完全融入角色中（做出對方常擺出的姿勢，會更幫助你裝成那個人）。那個人在這種情況下有什麼想法、感覺、夢想和渴望？他最想要什麼？從他的角度看到什麼樣的事實？在扮演對方的過程中，你有哪些感覺和看法？把這個從對方的觀點所看到的情況寫在筆記上。寫好之後，靜靜坐一會兒，想一想這個觀點有沒有帶來驚奇和新的見解。

5.坐到第三張椅子上（旁觀者的位置）。假想自己是與這件事無關的一個人物，可以是眞實的人或虛構人物，一個智者、一位朋友或一個歷史人物（要不要試試達文西？）。想像自己和那個你處得不愉快的人面對面坐在那兩張椅子上。請描述你所看到的情況。那兩個人各自在想要什麼？他們在這個情況下忽略了哪些地方？一個明智的旁觀者會希望他們做些什麼？他們遺漏了什麼，忽略了哪些可能對他們有幫助的地方嗎？請你以旁觀者的觀點寫下你的想法。

你在換椅子的過程中學到了什麼？情況有什麼不同？有哪些相同點？你現在的感受如何？有沒有想到新方法或者想採取不一樣的行動？你現在的責任是什麼？你所能提出的最好的處理方式是什麼？把你的想法寫在筆記本上。或者，花一點時間讓你的想法滲透進你的心靈，讓這些想法變成你的一部分。

6.喜歡的話，還可以再採取一個觀點。想像有一股天使般的神聖力量在三張椅子上方飄浮。這位旁觀者從最棒最完整的角度看著整件事情。問問你自己，天使可能會說什麼。

練習四：把航道鎖定在一顆星星上

哈斯迪教派(Hasidim)的格言告訴我們：「人的提升沒有上限，而最崇高的區域開放給所有人進入。一切由你決定。」達文西攀升到最高處，因爲他選擇向上。我們受他吸引，是因爲我們在他身上看到自己也有碰觸到星星的潛力。

以下是個簡單的練習，用來改變自己的觀點，並以自己的力量清除干擾，讓你可以選擇一個能映照出自己最高目標的人生。這個練習很有趣，尤其是喜歡電影的人會更覺得有意思。

請先沉思以下這些問題：

✦假如記憶不過是自己想像出來的幻覺，那會怎樣？

✦你心裡是不是有一個比較「真實」的部分，它比你平常扮演的膚淺角色的總和，或者發生在你身上的事情的總和，都還要真實？

✦有時會覺得自己的生活像一部電影，但它是一部由別人執導的電影？

思考過這些問題後，請做下面的練習。

輕鬆坐在椅子上，做幾次深呼吸。

閉上眼睛，放鬆，想像自己的一生拍成了一部電影，而你現在正在觀賞。讓童年和學生生活中的重大經歷浮現在想像的銀幕上，讓生命中的重大里程碑、悲劇、成就和錯誤，以及你對於感情關係、家

「若你了解修行的眞諦，就能把一天二十四小時都拿來修行。眞正的靈性，是一種隨時可以修行的心態。」

—— 達賴喇嘛

庭、朋友、快樂和悲傷的回憶，一一在你面前閃過。不要分析這些回憶，也不要過度投入某個場景。

電影播放到你現在的狀態，請你按下暫停鍵，把注意力轉回到呼吸上。

現在，如果必須爲這部影片分類，它會屬於哪一類？是賺人熱淚的溫馨劇、喜劇、黑白片、動作冒險片、浪漫愛情片、藝術電影，還是恐怖片？如果這部片子有一個導演，他會是馬丁・史柯西斯(Scorsese)、伍迪・艾倫(Woody Allen)、比利・懷德(Billy Wilder)、山姆・畢京(Sam Peckinpah)、史蒂芬・史匹柏(Steven Spielberg)，還是費里尼(Fellini)?

現在，想像這部電影要重拍，導演和電影類型都改變了。請用另一個觀點看這部演出了你的一生的電影。

接下來請想像，此時此刻與剛才上映過的劇情是沒有關係的兩回事。再進一步想像，自己從此刻開始才存在。在這新的一刻，你會替自己的生命選擇什麼？接下來的場景應該如何拍攝？把你的反應寫在筆記本上。

7 精進覺知

我看到了神的那隻眼，也正是看到了我的那隻眼。
我的眼和神的眼是同一隻眼，同一個憧憬，同一種知識，同樣的愛。
——艾克哈(Meister Eckhardt)，基督教神秘派

右頁圖〈基督受洗〉裡，畫面左邊的天使，是被證實爲達文西的作品裡面年份最早的。畫這個天使時，達文西還是維洛其奧的學徒。在文藝復興時代，畫家要門生完成作品最後的細部並非不尋常的事——但在這個例子裡，不尋常的是結果——達文西所畫的天使，明顯優於老師的作品。

我第一次看到這幅畫，是在佛羅倫斯的烏菲茲美術館(Uffizi Gallery)——這個美術館恰巧是凡薩利設計的。我的感覺很奇特，永難忘懷；我覺得身邊彷彿眞的出現了一位天使。達文西筆下的天使，直視著聖禮，臉上表情虔誠而熱情，展現出靈性

維洛其奧的畫作〈基督受洗〉的局部放大圖。

感受的本質。反觀畫面右邊那個出自維洛其奧筆下的天使，看起來呆滯而精神渙散，套用藝評家華勒士(Robert Wallance)的評語來說，這天使像是「一個覺得厭煩的唱詩班男孩」。

達文西的天使，讓人眼睛一亮，不僅把維洛其奧所畫的人物都比了下去，我認爲它的美還使得烏菲茲美術館裡全館的珍藏相形失色。

顯然維洛其奧也有類似的反應。後來他就退出了畫壇。凡薩利認爲，維洛其奧退出畫壇，乃因這位名字本意爲「眞實之眼」(the True Eye)的畫家看出了弟子作品的精緻細膩，莊嚴肅穆。

達文西也畫了天使身後的部分背景，對此，傳奇藝術評論家克拉克爵士(Lord Kenneth Clark)有言：「極富動感，光在山丘上方移動，風輕拂枝葉，水流匯聚如瀑布般流動。這些全都以點灑技法完成；也就是以輕快的筆觸，或以筆刷揮灑點點金色顏料。」克拉克認爲這幅作品展現了「有時會在天才人物最早期的作品中出現的預言般的力量」。

達文西的第一幅作品固然充分流露出他早熟的藝術天分，也生動表現了達文西在靈性方面的敏感程度，那是連他老師都意想不到的覺察和感知的能力。如同修絲頓所說的：「美得像是另一個世界的景色，以及散發清澄光輝的天使，恰恰映照出這位覺醒了的靈魂的內在光芒。」

孩子般的目光

我們都和達文西與他畫的天使一樣，天生就有能力以生動、發亮的、甚至入迷狂喜的專注力，來吸引世界的注意。否則我們就會掉入刻板的、令人生厭而不經思考的習慣裡，對周遭環境完全不感興趣。我們可以選擇要哪一種方式。

如果我們決定要培養敏銳的覺知能力，我們可以拓展自己的觀看的能力，像孩童和天才一樣，用新的眼光看待事物。詩人華茲華斯(William Wordsworth)描述他記憶中的「夢般的鮮活和光采，包圍著童年所見事物」，以生動的字句描述了這些從內心發出的光芒，找回這些舊日時光：

「有種光比陽光和天上至高的光暉還耀眼。
這正是你內心閃耀的光。」
——《奧義書》

那時草原、樹叢和流水
大地以及平常事物，
在我看來似乎
都覆著一層神聖光芒，
如夢一般新鮮明亮。

可嘆這些明亮景致隨著童年的逝去也跟著消失了。

達文西五百年前在托斯坎尼就曾感嘆，凡人「視而不見，聽而不聞，觸而無感，食不知味，行動時身體無知無覺，呼吸時香臭不分，說話且不經大腦」。

我們就把達文西這段話當做一份難以拒絕的邀請函吧，請來磨利你的感官知覺，留心日常生活中的週遭事物。如此做，也等於是在讚頌自己所看到的一切之中都有神性的存在。

我們當然可以像達文西一樣鍛鍊自己的感官，增進覺知與感受的能力。達文西以莊重的熱情，繼續鍛鍊原本就異常敏銳的感官能力，精益求精，這使得他可以見人所不見，譬如鳥類飛行時的細微動作、退潮的細膩變化與河水流動的狀況，以及夕陽餘暉的光線漫射本質。

達文西大師培養感官敏銳度的方式，是營造一個能讓人精神振奮的美感環境，

「什麼想法可以穿透本質？什麼語言可以表達這般神奇（視覺的奇蹟）？沒有。眞的沒有。這正是轉折之處，從這裡開始，人類從論述神性轉爲沉思神性。」

—達文西

他聽音樂工作，喜歡身體的優雅動作，享受他能力所允許的上好布料的觸感。他用薰衣草和玫瑰水調製成自己愛用的香水，他細細品嚐簡單但美好的食物，享受它們的香氣和滋味，極盡所能讓自己周圍環繞著優雅與美好的事物。

他這樣做，不單單因爲這些事情就能帶來快樂，也因爲他相信，「我們的五種感官是靈魂的主人」。

想把感受能力轉成靈性方面的敏銳度，一定要先把覺察力提升到更高而更細緻的層次，包括對於五種感官的鍛鍊，但不只是這樣而已，同時還要喚醒內心之眼，探索靈魂的風景。

對此，蘇菲教派的概念發人省思：「美感之學，只是察覺現實的最

低形式。」希臘哲學家柏拉圖要我們尋找「靈魂之眼」，說它「比肉眼珍貴千萬倍；因爲唯有靈魂之眼看得到眞理」。老子則說：「是以聖人爲腹不爲目，故去彼取此。」

培養靈魂之眼

「Saper vedere」（懂得如何觀看）是達文西的座右銘之一；而「懂得如何觀看」就包含了養成一雙靈魂之眼，也就是內在的眼睛。

雖然沒有一套課程教你如何養成靈魂之眼，不過這一章會試著提供一些線索，供你練習。

第一條線索：**覺知當下**。

現在這一刻，就是唯一的一刻，永

「問：我應該如何活在當下？
答：你現在就活在當下了，只是你沒有注意到。」
——《奧義書》

遠都是如此。達文西寫道：「拿河流來說，你所觸碰到的河水，是已流過的河水的末梢，同時也是將湧來的河水的開端。時間的道理，亦然。」手錶每一次的滴答聲，都是現在。你的每一次呼吸，都是此刻。心靈(spirit)的拉丁字源爲 spirare，意指「呼吸」。所謂的「覺知」，就是把注意力集中在現在，而不是把注意力放在憂慮過去或期待未來。

另一個線索是，**虔誠欣賞所有創造物**。

假如我們能用超越表象的目光看待任何一種生物，感受它的靈魂，我們就會與自己的靈魂相遇。達文西把這種形式的覺察描寫爲「愛人會被他所愛的事物感動，是因爲用來感受那事物的知覺與那個事物結合起來，合而爲一，成爲相同的東西。」

此外，許多文化傳統會建議以「苦修」作爲精進知覺和靈性的方法。這個道理，以甘地的座右銘「棄絕，才有大喜樂」(Renounce and rejoice)爲絕佳典範。禁食、簡約、靜默，這些方法可以教人許多道理，不過一旦把這些手段變成了目的，卻可能引人走向死胡同。

把「聖雄」（Mahatma，偉大的靈魂）封號給了甘地的諾貝爾獎詩人泰戈爾(Tagore)，認爲感官愉悅是神賜的禮物，而因其源頭是神，所以應該受到珍惜。他如痴如醉地寫道：

在自我克制中，我不需要拯救。
在萬千歡愉的束縛裡，我感受到了自由的擁抱。
你不斷把我的瓦罐倒滿不同顏色不同香味的新酒。
我的世界，將以你的火焰點燃百盞不同的明燈，安放在你的壇前。
不，我永不會關上我感官的門戶。
視、聽、觸碰的快樂將包含你的快樂。
是的，我所有的錯覺會燃燒成快樂的光明，我的一切願望將結成愛的果實。

公元六世紀，釋迦牟尼先是過著如同今日花花公子一般的生活，其後覺悟，這才拋棄了世間享樂，進入克己苦修時期。他開始傳授「中道」。中道之說，關鍵在於意識到每一時每一刻。不管你是選擇禁食、吃簡單的食物，或是選擇享受奢華大餐，最重要的是，你要全心全力用感恩愉快的心情體驗你自己的選擇。

無時無刻，我們不是在縮減自己的覺知，就是在延展它。現在，就讓達文西天使的精神進入你的生活，讓它擴展延伸，成爲一種虔敬的意識，讓你更接近自己內在的光。

精進覺知：自我評量

- □ 我花多少比例的時間來思考或擔心未來？
- □ 我花多少比例的時間來思考或擔心過去？
- □ 我隨著年紀增長，感受越來越敏銳，
  覺知的能力也逐漸拓展。
- □ 我會尋求實際的方法來增進我的覺知能力。
- □ 我察覺到日常環境對於我的意識造成哪些作用與影響。
- □ 我每天都以嶄新而開放的眼光觀看世界。
- □ 我每天都以嶄新而開放的眼光觀看自己的內心。
- □ 我感覺到自己的呼吸起伏和心跳。

靈性的練習

「有知覺的人，給他一個信號便足矣。不留心的人，對他解釋千萬次也不夠。」

——貝塔(Haji Bektash)，蘇菲派導師

練習一：培養記憶

彼得・羅素(Peter Russell)的經典作品《腦之書》(*The Brain Book*)中指出，針對記憶所做的研究顯示，我們比較容易回憶起一連串東西裡的頭和尾。容易想起開頭的東西，是一種「初始效應」(Primacy effect)，而比較容易想起最後出現的東西，則是出於「近時效應」(recency effect)。

義大利文裡的Memoria，意思是「記憶」或「回想」。這個字在達文西的筆記本中多次出現。我們可以利用記憶運作的方式，讓內在生活更豐富，覺察力更敏銳；藉著關注一天當中的「初始」和「近時」的事物，提醒自己對恩典更開放。這也是

爲什麼，許多宗教都要人在開始和結束的時候——不管是大事或小事，每日或週期性的事情、每季或每年——都要祈禱。這些儀式，使得這些開頭與結尾的時刻有了神聖的意義，不斷提醒著信徒，在日常生活中就有神的存在。

請你找一個日子，有意識地確認一天中與神產生連結的始初時刻和最近時刻。

以猶太教傳統爲例，它認爲「開始，是一切的關鍵」。每戶猶太家庭的門邊都擺放了一副「經匣」（Mezuzah），裡面的羊皮紙捲上寫有經文。這個經匣的功能，是讓這屋裡的人每一次出去或進門都會想到神的存在。

在蘇菲教派、藏傳佛教等宗教中，信徒做任何事情之前和之後，都要迴向。吃飯、展開工作、運動、冥想和做瑜珈之

「想知道靈魂如何在它的身體裡定居，就要觀察這個身體如何利用它的日常居所。如果居所雜亂無章，那麼受靈魂照顧的身體也就會紊亂失序。」

—達文西

前，都要做。譬如，在吃飯之前迴向，把從食物中得到的滋養奉獻給更高意志，像是「願食物在我體內轉化，好讓我爲我的神服務」；吃完飯後再做一次類似的迴向。開始冥想或做瑜珈之前，可以利用謝恩祈禱來達到初始效應，例如：「把冥想（瑜珈）獻給我的覺醒，讓我成爲你散播祥和的工具。」冥想或瑜珈結束後，利用近時效應，複誦一次祈禱文。

也可以把這樣的智慧做法應用在你一天的開始和結束。你不妨設計一個類似儀式的動作，代表你結束工作、開始家庭生活，尤其當你有伴侶的時候。工作結束後，花一兩分鐘和你的伴侶一起，向你們之間的關係與默契致敬，向更高的存在致敬。這樣做，可以提升你們相處的時光的品質，讓你更覺得與所愛的人形成深刻的連結。

練習二：可爲靈性添加養分的環境

日常生活環境等於你靈魂的糧食。不管你選擇的是相當於高級大餐或是簡樸飲食的東西，只要你不是出於意識做出自己的選擇，你就很可能會得到等於是垃圾郵件的東西。因爲在今日這個廣告過量的世界裡，不容易立刻找到可以滋養靈性的事物。

大多數人活在心靈麻木的環境中，充斥著廣告招牌、行動電話、電子郵件、以

隔板劃出的工作空間、同時進行多項工作、塞車、安全檢查、人工添加物、施工噪音，還有現場轉播的電視內容。收到這麼多視覺和嗅覺上的干擾，我們太容易就變成達文西說的「視而不見」。

達文西很小心營造一個具有美感的環境；因爲他了解環境對於創造內在和諧扮演了重要角色。

你也可以創造一個能反映和提醒自己靈性的「居所」，讓靈性感受更敏銳。下面是幾個簡單的方法：

一、**營造背景音樂**。

自己也是個音樂家的達文西，雇了人到他的工作室，在他工作時爲他演奏音樂。他知道音樂可以促進創造力並帶來寧靜——這方面的效果已有現代科學研究加以證實。譬如，我們知道了莫札特的音樂在有知覺的生物身上似乎能形成正面能量，或稱爲協調效應(tuning effect)。坎貝爾(Don Cambell)在《莫札特效應》(*The Mozart Effect*)一書中說明，研究顯示，莫札特的音樂對於植物生長、牛分泌牛乳和人的智力表現都有正面作用，而這些只是一小部分的好處。

很多宗教都利用聲音來創造出正面的協調效應，以促進內在平靜和覺醒。

你不妨找出最能提升你靈性的音樂，當成生活中的背景音樂。以我這本書來

說，我在撰寫過程中不斷播放《葛利果聖歌》(Gregorian chants)作爲背景音樂。

二、**設置一座祭壇**。

在家裡騰出一塊空間，當成讓自己專注於靈性事物的地方。在這塊空間所擺放的物體和影像，要能激發你想起你與比你更大的事物之間的連結。我自己的祭壇設在衣櫃上，擺放了我祖父母和父母的照片、一塊刻有聖方濟祈禱文的牌子、一張達文西的〈人體比例圖〉（參本書第一八二頁）、一尊小巧的佛陀雕像、一幅代表心輪的抽象畫，以及其他能帶來靈感的紀念品。

三、**製造香氣**。

薰香、鮮花和精油，都可以讓人在愉悅中增強靈感、改變意識。（我一邊寫作一邊燃燒著薰衣草氣味的薰香，欣賞一束玫瑰的美麗姿態與香氣。達文西最喜歡的香味是玫瑰混合薰衣草。）

四、**改變風水**。

風水是古中國的一種安排房間擺設的系統，藉由安置鏡子、屛風、造景噴泉和家具的位置來平衡陰陽力量，達到最高的自然和諧。這就像是替屋子做針灸一樣。

十大靈性音樂

蒙聲音治療專家吉恩・瓊斯(Gene Jones)的協助，以下列出的音樂是爲了幫助讀者用音樂來培養靈性敏感度。

1.《靜修音樂》(Chakra Chants)，顧德曼（Jonathan Goldman）。聽這個音樂，好比做了一場從底輪到頂輪的治療。

2.《音之訊》(Sound Message)，海默(Brigitte Hamm)。水晶缽加人聲。

3.《單軌之心》(One Track heart)，克里希納達斯(Krishna Das)。這是我開車時最喜歡的音樂，可以讓我祝福那些在高速公路上超我車的人。

4.《唵》(Om)，國際瑜珈(Yoga International)。從頭都尾都是唵，隨時都可聽。這個音樂作品把「唵」這個世界共通咒語表現得非常好。

5.《聖歌冥想》(Chant Meditation)，聖歌／ＢＭＧ唱片(Jade/BMG Music)。我最喜歡用葛利果聖歌來幫我在寫作時「進入狀況」。

6.《合諧共鳴》(Harmonic Resonance)，奧利佛(Jim Oliver)。非常平和的聲音，是很適合沉思和冥想的低音。

7.《七的力量》(The Power of Seven)，包森 (Brian E. Paulson)。打開內在眼睛，讓心和諧。

8.《日日狂喜的藝術》(Everyday Ecstasy)，阿南德（Margot Anand）。對於熱情、心靈和歡樂的頌讚。

9.《聽見太陽風暴》(The Harmonic Choir: Hearing Solar Winds)，海克思(David Hykes)。內在和平的聲音。

10.《七元素》(7 Metals)，伊歐斯特(Benjamin Iobst)。瓊斯稱此爲「市面上最棒的西藏頌缽 CD」。

五、有能量的碰觸。

想像達文西畫的天使所呈現的筆觸。喬布拉說到了這種筆觸所隱含的事實：「如果你想要的話，你可以在觸碰任何東西的時候都體驗到與它成爲一體的感覺。一般……意識，手指碰到玫瑰花時會覺得那是實體，但其實那是一團能量和資訊（手指）碰觸到另一團能量和資訊（玫瑰）。」

達文西在靈性感受方面的天才，使得他能彰顯這種隱微的能量和資訊。

我爲了研究這種碰觸的能力，不僅深入探索達文西的特質，去上各種關於覺察感官的課程，還練習了三十年的「亞歷山大技巧」(Alexander technique)，而我感受最強烈的一次，是在針灸師洛麗．狄佳(Lorie Dechar)爲我把脈的時

> 在智者摩須拉比(Rabbi Moshe)的葬禮上，曼德爾拉比(Rabbi Mendel)問其門生：「對你的老師來說，最重要的是什麼？」
>
> 門生回答：「他當下正在做的事情。」
>
> ——哈斯迪智慧

候。我請她描述如何把脈，鼓勵讀者爲自己的世界把脈：

把脈，在世界各地的治療傳統中都有一席之地，也是中醫問診的重要環節。經驗豐富的針灸師，可以從病人的脈象中判斷他是哪個器官出了問題，問題嚴不嚴重，有時甚至能判斷他已患病多久，以及還需要多久時間才能復原。

手腕上有對稱的十二絡，都是在橈動脈上。然而，中醫觸知的不是血液在動脈裡的脈動，而是在動脈附近的身體組織所反映的顫動。我在對病人解釋什麼是把脈的時候，會把脈搏比喻成丟進池塘的石頭。針灸師感興趣的不是石頭，而是被石頭激起的一圈圈波紋。那些波紋讓我知道「氣」（元氣、上行氣）怎麼移動，以及病患的身、心、靈的情況。

針灸師把脈的時候，會把手指搭在手腕動脈上，以指尖「聽」那些波紋。學診脈的學生一開始總會說，什麼都感覺不到，經過一段時間的練習，他們的敏感度會提升，指尖下就出現了一個全新的世界。再過一段時間，就能聽出脈相，並且像音樂家調整琴弦一樣，調整脈相。針灸師只要仔細聆聽，有時把走音的部分調整成和諧的十二金鐘鐘鳴。

練習三：活在當下

各種上癮現象在我們的文化裡肆虐，譬如酗酒、藥物濫用和過食症狀，正影響

著許多家庭。而有一種癮事實上會影響我們每一個人——等待。

碰到不太好的事，我們等待事情好轉，或者等著它變壞。「好累，等得好累。等你你你你……等得好累。」有首搖滾老歌這樣唱道。

然而，即使我們等到了想要的人或物，我們還是繼續等待，我們似乎從來不停止等待——我們等待事情變回老樣子，等著享受到足夠的金錢或性愛或娛樂或成功，或者，等待覺醒。

達文西大師深知等待是怎麼一回事：

啊，那些渴望回到祖國的期待與盼望啊……如同飛蛾撲火，如同長久等待的人，總是歡喜期待下個春天和下個夏天……認爲所渴望的東西來得太慢的人，以及無法察覺自己正渴望著自己的毀滅的人。

覺醒，正等著你放棄等待！

達文西這幅素描，畫出了崇高的內在察覺。達文西推崇獨處讓自己放鬆、觀照並聆聽內在的美德。

我們也可以藉由體驗靜默來培養靈性方面的敏銳感受。刻意不說話，一小時、一早上，或是一整天。這是強化能量和尋找內在平靜的有力練習。

8 接受陰影

掏出你的心，裡面有的必拯救你。
如果裡面空無一物，那這空無必置你於死地。
——《多馬福音》

〈施洗者約翰〉可能是達文西的最後一幅油畫作品。若是最後一幅作品，那麼我們不禁要揣想達文西在暮年的心境究竟如何。

一五一九年五月二日，達文西在法國安布瓦茲的克洛盧塞(Clos de Luce)去世，當時他手邊只保有三幅大作，這三幅也是他傑作中的傑作：〈蒙娜麗莎〉、〈聖母聖子與聖安娜〉和他最令人難以忘懷的〈施洗者約翰〉——這幅畫是因爲什麼而具有非凡力量，我們不敢斷言；但我們能確定，它的力量多少要歸功於典型的達文西繪畫技法。

曖曖發光的聖約翰，看起來既是男也是女，從一片黑暗中現身，慢慢轉爲金黃色的光芒；此畫成爲達文西大師的「暈塗法」(sfumato)效果的最佳展現。

Sfumato 一字，源於拉丁文的 fumus，意思是「煙霧狀」。Sfumato 是藝評家造出來的字，用來描述達文西許多畫作都具有的一種朦朧神秘的質感。

此外，達文西也率先使用「明暗法」(chiaroscuro)。明暗法是一種運用明亮和陰影的對照營造出效果的手法。

暈塗法搭配了明暗法所形成的絕佳效果，在凡薩利筆下是這樣描述的：「在繪畫藝術方面，達文西在油畫的上色技巧中加入了一種畫陰影的方法，這使得近代畫家能賦予筆下人物活力與鮮明輪廓。」

不過，達文西所達成的這些效果，可不僅是偉大的原創技法，還是他畫作中表達意義和情感力量的重要元素。

到了這幅〈施洗者約翰〉，達文西已經超越了對於大自然的科學觀察，而進入他稱為 termine（界限）或 essere di nulla（處在空無中）的境界。達文西問了：當河川匯入海洋，河水和入海時碰到的水的界限何在？一道海浪接觸到了空氣之處，月光最終消散之處，或是某物與空無相遇之處，這些接觸之處的本質是什麼？還有，天與地的交會之處呢？這些問題，在他畫〈施洗者約翰〉時躍然紙上。施洗者約翰是佛羅倫斯城的守護神，也是那個浪跡曠野三十年之後向世人預告了彌賽亞即將降臨的單純的人：他說「天國近了」(《馬太福音》四章一七節)，還說「我是用水給你們施洗、但有一位能力比我更大的要來」(《路加福音》三章一六節)。

如果能體認到，達文西盡了全力把我們推出已知的和可知的界線，我們就更能欣賞達文西的人物畫的奧秘。

藝評家克拉克談到了達文西召喚出聖約翰的努力：「施洗者約翰在眞理和光亮之先而至，這必然在眞理之先而至的是什麼呢？是一個問題。達文西的聖約翰就是那一個永恆的問號，是創造之謎。」

如果眞如克拉克所言，問題必然在眞理之前出現，那麼在光之前必定會出現的又是什麼？

黑暗。

達文西筆下的人物從黑暗走進光亮，一如約翰從曠野進入了「神的話語」的知識裡；而他那獨特的手勢，似乎是指引了通往救贖的方向。然而，達文西的聖約翰卻也以大膽的感官氣息和少許的情色，嘲弄著我們。達文西丟出了一個難題，要我們在這個虔敬的手勢和以螺旋線條披在裸體上的熊皮之間，找到和解。

這幅畫中聖約翰的面貌，很像〈最後的晚餐〉中坐在耶穌身旁的聖約翰，以及另一副畫裡的聖安娜，不過多了一抹可媲美蒙娜麗莎的曖昧微笑和讓人不明所以的奇怪眼神——那眼神，或許是出自一個既瞥見了最終救贖、也瞥見了即將被砍頭的命運的人。許多評論家把這幅畫中的螺旋線條、微笑的姿態，以及神秘的光影關係，解釋爲達文西表達出永恆謎團的能力的精華表現。

「我們沒有帶進意識的東西，以命運之姿出現。」

—榮格

達文西爲了尋找光和眞理，於是他不斷提出問題，他願意對自己的想法和觀念負責，他對事物也有深入的認識。他產生了許多偉大的見解和發現——不過，就如同他筆下的不安定的聖約翰所暗示的，他也必須面對陰影的謎樣世界，就像約翰從陰影中出現。達文西自述，他細心照顧一位遲暮老者，服侍他直到嚥下最後一口氣爲止；然而，老人的脈搏一停，他就立刻動手解剖老人的身體。達文西對於死亡的好奇心，就像他對於生命的好奇一樣強烈。從他所描述的臨終場景和解剖場景，我們看見達文西試圖在死的甦醒之中學習生的秘密。

達文西寫了六本關於光與影的書。他在書中詳細描述他所發現的本影(**umbra**)和半影(**penumbra**)現象。這兩個現象，在《韋氏大辭典》的定義分別是：「物體完全遮擋了光源的光所形成的陰影」與「光源的光不完全被物體遮擋而形成的局部陰影」。

可是，如同我們所見到的達文西的聖約翰，他對於

陰影的探索不僅只是技法練習，也反映出他起身對抗人性的黑暗面，包括他自己的黑暗面。

心理學家榮格稱人性的黑暗面為「陰影」，並強調人若壓抑、忽視或是不了解陰影，便會增強陰影的力量。以榮格的話來說：「每個人都帶有陰影，假如陰影在個體的意識生活中體現得越少……它就變得越深越濃。總之，陰影形成了無意識的障礙，阻撓了我們大部分的良善意圖。」

毫不留情的對立

達文西對《聖經》說的大洪水所做的許多研究，以及他的聖約翰一畫中所呈現的對比，還有他經常把美與醜並置的做法——譬如他會讓戰爭的影像、陰森的機械與武器，與美麗花朵和潺潺溪水出現在同一個畫面上——這些，都是他以藝術形式展現出他的理解，說明他知道生命的體驗是有許多面向，豐富無比，人類難以全面了解。正如榮格所說的：「生命是由一連串毫不留情的對立事物組成：日與夜、生與死、苦與樂、善與惡。我們實在不敢斷言哪一方會獲勝；我們不確定善是否會戰勝惡，歡樂是否會擊敗痛苦。」

諸多對立所形成的緊張狀態，使得達文西心靈上的衝突程度日益嚴重。他年輕時極其樂觀的態度，漸漸變成自我質疑，並表現出絕望。

達文西的素描和繪畫中的軀幹，最典型的形狀是扭曲和漩渦，這似乎反映出他內心狀態的緊繃。他一次又一次在筆記本的空白邊緣寫道：「我眞的有成就嗎？」他經歷過戰爭、毀滅、死亡、殘暴、僞善與背叛，並且深受其苦；他也爲斯佛扎和惡名昭彰的波吉亞(Cesare Borgia)之類陰暗角色的宮廷服務。達文西有時似乎也說出了他的同胞但丁(Dante)的善感：

生命旅程走到一半，
我發現自己身在林裡一片黑暗，
不見平直大道……
很苦。死亡只比這苦一點。

對比法

除了在技法上使用他獨創的暈染法和明暗法之外，達文西也善用對比法(Contraposto)來增加主題的張力。他認爲：

頭部的方向和軀幹的方向絕不能一致，手與腳也絕不能往同一方向做動作。如果臉朝向右肩，則臉部以下所有部位就要偏左，而不是偏右。上半身挺胸轉成側面的時候，如果頭往左轉，右半邊的身體就要畫得比左邊高。

看來達文西晚年確實經歷了信心危機。曾經寫下「萬事皆有可能通曉」的少年天才，後來發現世上竟有他無能得知或者理解的東西。他在晚年時寫道：「大自然充滿無限因素，但經驗從未將之展現。」用比較個人的語句來說時，他說：「我自認在學習如何生活的同時，也正在學習如何死亡。」

即使像達文西之類的天才，也會受到懷疑和黑暗的影響，也就是因爲自我的陰影面而動搖。這可以從達文西面對嫉妒與羨慕的反應明顯看出來。他一生承受了不少嫉妒與羨慕；我們不需對他做心理分析就可以發現，他處理自己在這方面的敏感反應是有困難的。從他在筆記本中對嫉妒的評論就可看出來：

> 嫉妒以不實的指控傷人。
>
> 美德誕生的同時，所引起的嫉妒也誕生；把物體和影子分開，要比把美德與嫉妒分開簡單。
>
> 嫉妒：據説鳶看到自己的雛鳥變得太胖，就會出於嫉妒而啄他們兩側，不留下食物就離開。
>
> 嫉妒就是對上天做出猥褻手勢；因爲，如果可以的話，嫉妒會把她的力量用來對抗上帝……
>
> 她戴面具遮住臉。棕櫚葉和橄欖枝刺傷她的眼，月桂和香桃木葉傷了她的耳；因爲勝利和眞理冒犯她。她身上發出的閃電象徵她言語的邪惡。

永不止息的慾望侵蝕她的臉面，讓她形容憔悴怖滿皺紋；憤怒之蛇嚙噬她的心。她帶著箭筒，以舌爲箭，因爲她經常以舌傷人……

她手持花瓶，瓶內滿藏著毒蠍、蟾蜍等種種毒物。她駕馭死亡、勝過死亡；因爲她是不死之身……她的各種武器都可以致人於死地。

這一連串對嫉妒的斥責，透露出他有被害妄想的跡象，而他在筆記本多處出現了強烈譴責謊言、忘恩負義、暴力、憤怒和酩酊的字句，或許也透露出若干的自我欺騙。有時他似乎否定了所有人性：「越了解人，就越不喜歡人。人是裝載了邪惡的容器，是極度忘恩負義加上所有罪惡的總和。」但這種一竿子打翻一船人的譴責，也把他自己罵進去了。

達文西的掙扎提醒了我們，他也是人，也會犯錯，也彰顯出心靈旅程中最容易被忽視、但可能最重要的元素——我們需要接受我們本質中的陰影面，好讓我們不把自己的黑暗面展現在行爲上。

爲什麼有這麼多宗師被抖出他們侵吞了財物？爲什麼有這麼多神職人員被指控爲虐待兒童？爲什麼有這麼多虔誠信徒以神之名施暴和殺人？我們人類，又爲什麼都有作惡的衝動？

假如讓陰影在無意識裡徘徊，會帶來危險。許多自認一心向善、靈性俱足的

人，忽視或壓抑了自己內心的魔鬼。我們內心都住著魔鬼，可是我們有太多時候沒能認出它們，或者不承認它們存在，這是因爲辨認與面對內心的魔鬼會讓人很不舒服，於是它們就潛伏著，最後以怨恨、論斷、消極反抗或更糟糕的形式滲透出來。

榮格以詩意的文字，表達出這個追求靈性成長之路上的最艱鉅挑戰：

我餵飽飢餓的人，原諒別人對我的侮辱，並以基督之名愛我的仇敵——這些無疑都是高尚的美德。對兄弟中最小的做了什麼，就是對基督耶穌做了什麼。然而，萬一我發現，最小的兄弟、最窮的乞丐、最無禮的冒犯者和最眞切的敵人就位在自己內心，發現我需要我自己的施捨，發現我就是我自己該愛的敵人，這下該如何？

面對如此挑戰，蘇菲教派詩人魯米提供了一種動人的反省，讓我們面對多重的自我：

肉體不過是旅店。
每天早晨都有新旅客光臨。
或歡喜，或抑鬱，或卑劣，
某個隨時可以出現的覺察，以不速之客的姿態到來。

「匠人所棄的石頭，已成了房角的頭塊石頭。」

——《詩篇》

歡迎！好好款待他們！
就算他們是是一群哀傷之眾，
橫掃過境，把屋裡一切掃盡，
還是要恭迎每一位客人。
他把你清空，可能是爲了新的歡愉。
來了黑暗的想法、恥辱和怨恨，
要在門口笑臉相迎，請他們進屋。
不管誰來，都心存感激，
因爲每一位客人都是來自彼岸的指引。

面對陰影，懷著感激之心，邀請恥辱和惡意入內，爲我們的黑暗想法和卑劣言行負責——弔詭的是，這樣做，竟比終日冥想更能帶來眞實的平靜和安寧。若不面對陰影，而是不斷逃避它否認它，那麼越是否認自己有黑暗面的存在，這個面向的力量就會變得更大、更危險。

陰影工程

心理治療師佐威格博士(Connie Zweig)，在引導眾人面對陰影這件事上居領先地位。她和研究夥伴沃夫(Steve Wolf)與亞伯拉罕(Jeremiah Abrams)一同創出「陰影工程」(shadow-work)一詞，這指的是一種運用創意方式面對內心黑暗面的過程。她在《人生黑暗面》*(Meeting the Shadow)*一書中描述了「陰影工程」的益處：

- ✦對於自我的了解更加完整，達到更眞實的自我接受。
- ✦緩和每日生活中突然湧現的負面情緒。
- ✦更能解脫自己對於負面感覺和行動的罪惡感與羞恥感。
- ✦辨認出我們對於別人的意見當中所包含的投射。
- ✦以更誠實的自我檢驗、更直接的溝通，平息人際關係裡的傷痛。
- ✦透過夢境、繪畫、書寫和儀式，用有創意的想像力來拾回被自己拋開的部份。

「達文西與陰影的掙扎，可以從他的生命和作品明顯看出來。」佐威格博士說：「尤其佩服凡薩利所觀察到的，達文西上陰影的技巧讓後代畫家『賦予筆下人物極大能量並予以釋放，』與內在陰影的創造性關係也獲得『偉大能量和釋放』。」

達文西在一道又一道經常沒有出路的黑暗迴廊間摸索前進；他樂意走向未知，

陰影工程之路

佐威格和沃夫提出忠告：「這條想要察覺自己陰影的路，並不好走，它不是一條方向明確、並把碎片殘骸都清理乾淨的路。想與陰影同在，是要迂迴前進，走進碎片殘骸，穿過黑暗迴廊和死巷，試著摸索出路。」

他們建議，不要把陰影當作是有待解決或「治好」的問題，而要把陰影當成有待探索的「謎團」。這個陰影工程，需要做到以下：

- ✦負責任
- ✦別再怪罪別人
- ✦更深入覺察
- ✦放棄追求完美的理想
- ✦擁抱矛盾
- ✦敞開心房

「光和陰影，都是愛之舞。」
—魯米

而且不管多麼黑暗都願意探求眞理。我們會發現，他在面對陰影的過程中發現了某種轉化的東西。儘管有時覺得孤獨與受傷，他總是繼續往前，這提醒了我們，最黑暗的時刻，也許正預告了新的光明即將到來。

就像達文西筆下的聖約翰從黑暗中現身，指出了眞理與光之路，我們在陰影的迷津裡努力前行，也能從中得到啓示。關於這場陰影工程的心理層面，詩人波赫士(Jorge Luis Borges)的說明極爲精湛而細膩：

> 我從夢中無邊無境的迷宮返回，就像回家，回到無情的牢獄。我祝福它的陰濕。我祝福它的兇殘。我祝福從縫隙流出的光。我祝福自己受折磨的舊身體。我祝福其中的暗黑和石材。接下來出現了我無法忘懷亦無法描述之物；出現了與神聖和宇宙的結合。

接受陰影：自我評量

- □ 我能察覺到自己的憤怒的感覺。
- □ 我能察覺到自己的貪婪的感覺。
- □ 我能察覺到自己的嫉妒和羨慕的感覺。
- □ 我能察覺到自己的焦慮和恐懼。
- □ 我有時在話語和行為中表現出厭惡和輕視。
- □ 我有時在話語和行為中表現出貪婪和渴望。
- □ 我有時在話語和行為中表現出羨慕和嫉妒。
- □ 我有時在話語和行為中表現出焦慮和恐懼。
- □ 我能辨認出世上的邪惡、痛苦和折磨。
- □ 我能察覺到自己對他人的批評、判斷和憤怒如何反映出我自己的弱點。

靈性的練習

「我們生命中的惡龍，或許都是公主，只不過等著看到我們乍現的美麗和勇敢。所有恐怖東西的深層核心，或許都很無助，期望我們伸出援手。」

——里爾克

練習一：我和我的陰影

「你能察覺到你在無意識裡對醫療小組表現出敵意嗎？」在電影《睡人》(Awakening)裡，精神病院的主管對著被關在這裡的勞勃．狄尼洛所飾演的角色提出這問題。勞勃．狄尼洛回答：「既然是無意識，我又怎麼察覺得到？」

從定義來看，陰影是無意識的。在我們能用創意方式接受陰影，並將其巨大能量導向較正面的方向之前，一定要先知道陰影的存在，辨認出它是以什麼方式出現。

請想一想下列的線索，把自己曾經有過的經驗寫在筆記本上。我們可以在下列地方看到陰影：

- ✦以苛刻的批評回應他人；說出誇張、輕蔑的判斷。
- ✦在私底下出現優越感、嫉妒心、自以爲是和貪婪之情。
- ✦聽到別人的嚴格評語，會出現極端的自我防衛（特別你發現你聽到好幾個人都有類似評語的時候）。
- ✦會脫口而出說出「無心」的話語，或者衝動行事。
- ✦會一再出現讓自己覺得羞恥的行爲模式。
- ✦消極性的攻擊行爲。

練習二：畫出你的陰影

達文西爲贊助者波吉亞繪製了精準無比的義大利中心城市地圖，也極其準確地表達出光與影的關係。藝評家克拉克指出：「大家常說，達文西的繪畫能力高超是因爲他通曉事物。但更正確的說法是，他因爲繪畫能力高超因而通曉事物。」

你不是非要具有達文西的繪畫功力才能探索自己內在的陰影，不過，假如利用繪畫來進行探索功課，可以更加了解自己的黑暗面。這個練習如下：

一、先翻到你的筆記本的空白頁，或是在桌上或畫架上擺放一大張白紙。

二、選幾枝不同顏色的鉛筆、色鉛筆或麥克筆。喜歡的話，也可以使用調色盤或炭筆。

三、深深呼幾口氣，接下來，靜靜坐一、兩分鐘，數著自己的呼吸。

四、然後，想像自己在陽光普照的好天氣裡走上一條美麗小徑，穿過一片松林；你覺得很安全，覺得與萬物合一，覺得有歸屬感。你往前走，聽著自己每一步腳步聲，感受鞋底踏上松針的感覺。陽光透過樹間縫隙灑下，松木和泥土散發令人神清氣爽的香氣。你享受著這些，覺得有一道金黃色的光在自己四周圍繞。你每踏一步，都覺得四周美景和你自己的內心緊密相連。

五、往前看，前方出現了岔路。就在岔路口，有一個人擋住了去路。你很不想看到這個人，他可以是曾經出現在你的過去裡的人，或是出現在你目前生活的人，也可以是個歷史人物，或是一個結合了你所厭惡的各種特點的綜合體，總之是個和你正在體驗的美好感受完全相反的人物。

花一點時間想像這個不速之客的模樣，時間長短不拘。注意那個人的身高、五官特徵、體型，以及表情、舉止與態度。

六、接下來，聆聽他所說的話，注意他的用字和語調。那個妖魔在說些什麼？他的聲音有哪些特質？讓你產生什麼感覺？是憤怒、噁心、不屑、恐懼，還是煩

躁？你對哪一種特質感到特別不舒服？

七、現在，把這個陰影人物在你心裡引發的影像、形狀和顏色畫下來。避免修改或評判自己畫的圖。直接畫下就是了。儘量把你的印象畫出來，能畫多少就畫多少。可以是抽象畫，也可以很具象，或者介於兩者之間。總之，就讓這個陰影人物在你心中引發的感覺帶領著你的畫筆。別分析自己或自己的畫；只要一直往下畫下去就對了。

八、覺得畫夠了，就休息一下。你可能會發現這個小小的練習爲你帶來了活力，但也可能覺得非常焦慮；無論如何都休息一下，完全拋開剛才的陰影繪畫，快步走一會兒，或是做一點體能活動。

九、休息得差不多了，再回到剛才畫的圖上。請看著你的畫，挑出裡面看起來最有活力的一個圖案，把它在另一張白紙的中央重新畫一次。接著，以這個新畫的圖爲中心，向外畫出線條。然後在線條上寫下關鍵字，再畫出與這個關鍵字相關的圖像。仍然要避免修改和分析，只需以中央的圖像爲主，進行自由聯想。

十、等到整張紙塡滿了關鍵字和圖之後，向後退一步，看著這張陰影圖，問自己：

✦我是不是否認了自己的哪些部分？
✦我如何從陰影中感受到更多它要告訴我的訊息？

- ✦如果陰影有話要對我說，那會是什麼？
- ✦我在自己身上看到了陰影人物的哪些面向？
- ✦如果陰影替我畫一張畫，那會是什麼樣的圖樣？

用這種方式把自己的陰影畫出來，有助於讓那些被你否認的心理層面浮出表面。把這些受到壓抑的元素畫在紙上，讓我們更容易以相對客觀、也較不構成威脅的方式接受陰影。

練習三：捶打枕頭

繪畫和素描，可以有效宣洩並轉化陰影元素，而譬如武術之類的身體動作也有治療效果。或者以下這個做法。

在《老大靠邊閃》(Analyze This)一片中，比利・克里斯托(Billy Crystal)所飾演的倒楣治療師遇到了黑手黨老大上門求救。勞勃・狄尼洛飾演的黑幫大哥患有恐慌症，發作後會立即爆發狂怒。治療師向大哥說，他自己憤怒的時候會「捶枕頭」，並建議大哥也試試看。黑幫老大一聽，立刻抽出一把點四五手槍，朝沙發上的抱枕連開幾槍。治療師怯生生地問：「覺得好多了嗎？」大哥回答：「嗯，好多了。」

這個簡單的方式經常遭到取笑和誤解，卻不失爲發洩憤怒的有效工具。

以下是幾項確保安全且有效的原則：

✦不使用點四五手槍。

✦私下做。

✦選擇可以吸收衝擊力，不會對人或物造成傷害的東西來捶打，例如墊子或枕頭。

✦找一把舊網球拍代替拳頭。

✦把所捶打的物體想像成你怨恨的對象。

✦睜開眼睛，看著你所捶打的物體。

✦過程中保持呼吸順暢。不要屏住呼吸。

✦一邊捶一邊大喊、尖叫。想罵髒話就破口大罵，不用節制。

躺在床上踢打床墊，也能收到同樣的效果。

發洩得累了，就用一點時間來放鬆和呼吸。你可能會發現，在狂怒和怨恨之後，心裡有股悲傷的感覺；讓自己感受那股感覺。你也可能發現，能量在體內自在流動；讓自己體會這種感覺。

不管出現什麼負面感覺，不管說出了什麼令人難過的話，都要避免評斷自己。把這些壞情緒帶到床墊或枕頭上，總好過發作在自己或其他人身上。

肯普教授認為，這幅〈安加利會戰〉(Battle of Anghiari)的草圖，可能是根據米蘭傭兵比其諾(Niccolo Piccinino)的相貌畫出來的。達文西想要捕捉的是佛羅倫斯軍隊扭轉情勢的那一刻。肯普說：「他的臉因憤怒而扭曲，眉毛皺成一團，缺了幾顆牙的嘴張大到了極限。」

根據這幅草圖所畫出的作品，被凡薩利形容為「火爆、仇恨和憤怒」的精髓。這幅〈安加利會戰〉，與哥雅(Goya)的〈五月三日〉(Tres de Mayo)和畢卡索的〈格爾尼卡〉(Guernica) 並列藝術史上畫出了殘暴、恐怖和暴力的三大傑作。

這幾幅畫採用了極端的表現手法，但它們都描繪出所有人心裡潛藏的黑暗力量。畫出了如此強大力量的人，譬如上述這幾位畫家，必定碰觸到了——隨你怎麼稱呼都可以——自己內心的黑暗力量、魔鬼或陰影。

9 調和陰陽

有物混成，先天地生。
寂兮寥兮！獨立不改，
周行不殆，可以為天下母。
——老子

〈蒙娜麗莎〉，是達文西召喚出陽剛與溫柔的平衡的最高表現。

維吉尼亞州的拉帕漢諾克郡(Rappahannock County)的教育當局，贊助了一堂三小時的「如何擁有達文西的七種天才」的課程，對象是八十個八到十一歲的資賦優異兒童。課程中讓這些小朋友看〈蒙娜麗莎〉，問他們：「她在笑什麼？」小朋友馬上模仿起蒙娜麗莎的姿勢和笑容，想藉由模擬來找到答案。（請你現在也試著擺出微笑，一面繼續往下讀，體會這個姿勢所帶來的內在轉換。）過了幾分鐘，一個坐在教室後排的小女生舉手發言：「她有秘密。」另一個坐在前排的小男生脫口而出：

像蒙娜麗莎一樣的微笑

「以流暢優美的動作把右嘴角闔上，接著，左嘴角微開，彷彿在偷笑……不可做作，而要做到像是出自無意識。若能端莊、克制、優雅，並配合無邪的眼波流動，就不會被當成忸怩作態。」

──費倫佐拉(Agnolo Firenzuola)，《論女人完美儀態》(Della perfetta bellezza d'una donna)，一五四一年

「她知道所有東西都有一個和自己相反的東西！」另一個小朋友補充：「對，像男生和女生就是。」

這些小天才說得沒錯，蒙娜麗莎確實是榮格口中「神秘合體」（Mysterium Coniunctionis）的最高祭司，也就是內在的陽性能量與陰性能量的結合。她的笑容，正是達文西神乎其技的表現，展現出超越時間的陰陽共舞，以及自然與人類經驗的總和。

佩特(Water Pater)在他的經典著作《文藝復興》（*The Renaissance*)中，把〈蒙娜麗莎〉一畫形容爲「靈魂帶著它所有疾病走過了這份美麗」。他的描述

充滿了重生和輪迴轉世的意象，幫助我們進一步領略到那使得這幅肖像如此偉大的靈性洞見：

> 世上所有想法和經驗都在那兒刻畫成型……希臘的獸性主義（animalism）、羅馬的慾望、中世紀的神秘主義……異教世界再起，以及波吉亞的罪。她比她所坐的岩石還古老……以前她死過許多回，習得墳塋的秘密；她也在深海裡潛行……與東方商人私下交易奇特的花毯。如同麗妲是特洛伊城中海倫的母親，如同聖安娜是聖母瑪利亞的母親，但這些對她而言不過是豎琴和長笛的美妙樂音。

達文西是如何達到這麼神奇的效果？這幅〈蒙娜麗莎〉喚起陽剛與陰柔此二特質的平衡，乃是出自藝術和科學的結合。那張魅惑的臉孔——看起來就像凡薩利說的，是「眞人而不是畫」——和背景的美麗山岳、潺潺流水、迷人大氣效果，都是出自達文西在解剖、植物、地理和透視等學科的不懈研究，以及他無數的靈感、想像、夢境以及些許魔法的結合。

不論〈蒙娜麗莎〉以誰爲模特兒，達文西不只是善用了他高超的畫技和解剖知識把她畫了出來，也運用了他豐富的奇想。雖然我們不確定達文西是否畫過夏娃（根據凡薩利的說法，達文西創造過亞當和夏娃的壁畫草圖，把他倆畫成「置身於開滿無數花朵的草原之上」），我們卻都感覺到，他想把〈蒙娜麗莎〉的模特兒畫成夏

娃再世，把她放在如同伊甸園般柔和而完美的光明背景之前。創世故事的核心，就是一則隱喻，暗喻了人類需要把陽和陰的特質加以調和與平衡。

源自伊甸園的純粹潛力

我們都源自於純粹的潛力，也就是伊甸園，生來就具有陽（亞當）和陰（夏娃）的特質。只要平衡了這兩股內在能量，就能回到伊甸園——這個道理，包括了瑜珈、道家、心理治療，以及尤其是榮格的著述在內的文化傳統都表示同意，它們出於直覺就把陰陽調和之道視爲眞理。

榮格把陽剛特質稱爲阿尼瑪斯（animus），陰柔特質稱爲阿尼瑪（anima）。在他看來，若想成爲一獨立的個體，需要對這些心理特質做一番「內在結合」(inner marriage)的工夫，而這比接受陰影還具挑戰性。事實上，榮格把陰影工程稱爲這條追求完整之路上的「習作」(apprentice-piece)，而把陰陽能量的平衡和諧稱爲「傑作」(master-piece)。達文西的〈蒙娜麗莎〉是繪畫史上的傑作，看來也是這項內在工程的傑作。

我的朋友菲德列克(Michael Frederick)對內在工程做了三十年以上的研究，曾經跟隨克里希那穆提和戴卡夏(T.K.Desikachar)等大師，密集研究瑜珈。他對於達文西在陰陽調和方面的精緻成就，做了以下的評語：「雖然說沒有事實可以證明達文西曾

數學和奇想
——天空爲什麼是藍色的？

達文西平衡藝術和科學的能力，無人可及，這一特點預示了他恐將成爲人類史上最偉大的天才。他用陽性特質來對周遭環境進行嚴謹而精細的分析，他的陰性特質則展現於他對大自然的愛、對主題的深刻感受，以及他無拘無束的活潑想像力。

達文西建議門生，對著雲和煙之類的抽象事物進行默想，以此激發奇想（fantasia ，他用此字來表示「想像力」），並達到數學上的精準。

「人類的觀察，若未經過數學檢驗，」他寫道：「就不能稱爲眞科學。」我們可以看到，這兩種特質的平衡反映在他的作品中。他所寫的筆記，解答了這個經常被許多孩子問起的問題：天空爲什麼是藍色的？「我說，我們看到的大氣的藍色並不是眞正的藍色，而是溫暖濕氣瞬間蒸發，太陽光落在極微小的原子上，讓它們在無邊黑暗中發亮。」達文西的傑出觀察能力，使得他能夠在畫中創造出豐富的大氣效果，並賦予〈蒙娜麗莎〉魔法和神秘感。

經到過東方，他卻似乎理解東方的瑜珈哲學，也表現出它的精義。瑜珈的核心觀念，就是陽剛和陰柔的平衡。」

瑜珈之學假設人體有七萬二千條經脈(nadis)；透過這些細小的經脈，生命能量流經全身。這些經脈最後匯流到中脈(susumna)，這是流經整條脊柱的主要能量流。中脈裡有兩股互補的脈流，右邊那一股負責傳送乾、熱、主動的陽能量，稱爲日脈（**surya nadi**）；左邊那一股運送濕、冷、被動的陰能量，稱爲月脈（**chandra nadi**）。著有《神祕之路》(*The Way of the Mystic*)一書，專研意識的喬安・波利森科(**Joan Borysenko**)博士指出：

> 這些能量能否達到平衡，大大影響了健康、幸福和創造力，以及能否得到天人合一的體驗。陰與陽的能量一旦得到平衡，脊椎末端的潛在能量，也就是靈量(kundalini)，就會往中脈上衝，開啓輪脈(chakras)，把人帶往天人合一的境界，而這是瑜珈眞正的意義。

古老的道教也有類似的想法，認爲陰陽調和乃是個人得到開悟和社會取得和諧的最重要關鍵。老子在《道德經》裡便寫道：

> 萬物負陰而抱陽，沖氣以為和。

中醫的陰陽之說

此外，中醫也以男女、正負和陰陽的概念爲基礎。

在紐約市三州針灸學院（Tri-State College of Acupuncture）教書，並且是針灸師的洛麗・狄佳，著有《五靈：傳統中醫核心的煉金傳奇》(*Five Spirits:The Alchemical Mystery at the Heart of Traditional Chinese Medicine*)一書。她是天賦異稟的治療師，對此我可以用親身經驗加以證明。

一開始，狄佳覺得針灸的傳授之道不盡完整。她說：「針灸之祖，一般認爲是中國的第一位偉大領袖黃帝。然而，根據神話，黃帝其實是西王母的配偶，而西王母乃是大地女神。黃帝就是向西王母習得了智慧和治療力量。」

狄佳赫然發現，中醫的文獻和傳授方式，在發展過程中曾經被置於父權力量之下：「這種扭曲，導致了中醫逐漸忽略了它的根源——它忽略了原本對於女性、萬物和大地所懷抱的虔誠之心，尤其是忽略了靈魂裡的陰陽反照。老子再三提醒了陰陽平衡是至關要緊的。」

狄佳爲了更正這種扭曲印象，她開始學中文，以便閱讀中國古代的醫藥文獻和道教著作，直接認識其這一門學問。她發現，中醫療法裡有許多道理最初是根據道士煉丹之術——這一門追求靈修和自然科學的方術，推崇陰性智慧在治療和提升靈性方面的高度重要性。根據道的煉丹傳統，神鬼(也就是陽性的能量)並不是遠在天外，

要到死後才能發現；神就存在於現在，此時此刻，穿梭於物質世界和人間的日常生活。神是無形的，但透過它的陰性力量在自然世界裡的循環、移動和形影，可以看見神。

「在胚胎中，來自母親種子的力量與來自父親種子的力量相當。」
——達文西

狄佳的研究也顯示，中國古代許多偉大的道士和治療師都是女性。她把這些屬陰性的醫術加以整理融合，發現這些技巧大大增進了她救助患者的能力。

狄佳還表示：「達文西是一個道教徒。透過他筆下呈現的崇高而準確的自然世界，透過他的〈蒙娜麗莎〉和其他許多雌雄同體的人物，我們發現，陽性能量與陰性能量的內在結合，也就是陰陽的平衡，可以產生一個無限的心靈世界，讓人間樂土重現。」

調和陰陽：自我評量

□ 我有耐心，善體人意，也懂得聽別人說話。

□ 我知道自己內心的陰柔特質，而且保有這部分。

□ 我大膽果斷，懂得積極主動。

□ 我知道自己內在的陽剛特質，而且保有這部分。

□ 我在耐心感受和大膽行動這兩者間來去自如。

□ 我體驗到自己在陽剛和陰柔這兩部分取得了平衡合諧。

□ 如果要判斷自己的陰柔和陽剛的各佔多少比例，大約是多少？（例如六比四、八比二、一比一。）

靈性的練習

谷神不死，是謂玄牝。
玄牝之門，是謂天地根。
綿綿若存，用之不勤。

——老子

練習一：日月呼吸法

這是瑜珈的基本呼吸練習（pranayama），目的在於平衡大腦皮質的左右半球，並讓神經系統達到和諧狀態。就隱微的意義來說，這套呼吸法可以結合陰與陽的能量。

根據瑜珈之學的看法，右邊的鼻孔是日能量(也就是陽能量)的通道（以右邊的鼻孔呼吸，會刺激左腦）；左邊的鼻孔則與月能量(也就是陰能量或陰有關)有關，因爲以左邊的鼻孔呼吸會刺激右腦。

「經由你的愛，存在融入了不存在；
對立的事物，合而爲一；鄙俗再次變爲神聖。」
——榮格

1. 找一個舒服的坐姿，背部挺直，雙掌自然放在大腿上。輕輕閉上眼睛。

2. 以右手的拇指堵住右邊的鼻孔。用左邊鼻孔吸氣，慢慢數到四，再停止。

3. 以右手的無名指和小指堵住左邊的鼻孔。這樣一來兩個鼻孔都被堵住了。屏住呼吸，慢慢數到四。

4. 移開右手拇指，用右鼻孔吐出氣，慢慢數到八。

5. 再用右鼻孔吸氣，慢慢數到四，再停止。

6. 以右手拇指堵住右鼻孔，這樣一來兩個鼻孔又都被堵住了。屏住呼吸，慢慢數到四。

7. 移開左邊鼻孔的無名指和小指，以左鼻孔吐出氣，慢慢數到八。

如此便是一回完整的日月調息法。重複做七次。做完後，雙手放在大腿上，集中注意力，慢慢呼吸，左右鼻孔平均分攤，讓體內的陽和陰的能量達到平衡。

跟著你的呼氣和吸氣的氣息，到達兩邊鼻孔在頭裡的交會點。找到了這個點，也就到達了陰陽能量結合、成爲純粹意識之處。停在這個地方，繼續呼吸。

練習二：五靈冥想

五靈就像吠陀(Vedic)印度輪脈系統的道教版。五靈和輪脈一樣，是靈體(subtle body)的意識中心，而非肉體結構的一部分。五靈也和輪脈一樣，其作用在於平衡我們的陰性與陽性，也都出自一種基本認知，認爲陰（地）與陽（天）這兩股能量都具有靈性。然而，五靈和輪脈不同的地方在於，輪脈是被想像成抽象的能量轉輪，而五靈則被想成居住在體內、會活動的神，這五靈各有各的本性和心理與靈性方面的功能。了解了五靈，就像是擁有了一把鑰匙，可以通往道教的仙靈的入口。

一、做這個冥想時，先坐在椅子或軟墊（置於地板）上。重點是背部要挺直，形成頭頂和尾骨底部之間的垂直軸。

二、開始冥想。想像自己的身體是一座山，頂峰直入雲霄，根基深植於大地。花一點時間想像那座「山」就在眼前，感受山的美麗和力量。

三、現在，把覺知帶到頭頂，也就是山峰的最高點，這兒是「東王父」和青陽之元氣的領域。想像有一顆星星在自己頭部上方幾吋處，感覺星光像閃亮的流金雨

一般傾瀉在自己身上。這是神的光，代表來自天的陽神和意識察覺。

四、感覺這些金黃光芒流過你全身，停留在你心的正中央。你呼吸，把氣吸進心的中央，想像「神」有了形狀和顏色，像山上的霧和雲一般飄浮變化。等到這股覺知的陽氣逐漸變得潮濕、變成陰性，我們就進入了「魂」的領域，而魂乃是靈視和想像的靈。

五、隨著光，向下移動，最後停在太陽叢交感神經(solar plexus)。呼吸進太陽叢交感神經，感覺光逐漸有了動力和重量，正在往下墜落。感覺光在腹部停駐，像是種子在山邊的肥沃山谷裡紮下了根。這兒是「意」的領域；「意」是代表行動和意圖的靈。

六、持續把察覺往下移動。它沉入了地平線，降到山底下的幽暗洞穴，降到骨盆裡臟器的迷宮中。把察覺帶到肚臍上方約三吋之處，感受這裡的強大能量。這兒是「魄」，也就是動物的身體、呼吸和自律神經系統的陰靈。

七、現在，沿著深藏在山下的臟器迷宮，進入最黑的洞穴，到達脊柱底部的某個點。仔細感覺著能量在這裡震動，隨著腦脊髓液的漲退而起伏。主感覺意識的陽神被主生命的陰神包圍。這兒是「志」，志是集體潛意識、原型、細胞記憶、基因密碼、原始象徵，以及命運的光芒。志是道的陰性反射。

八、在脊柱的尾端，山下最暗的洞穴，我們來到了西王母的赤紅寶座。也就是

到達了轉化之謎的中心，神祕陰性的黑暗子宮。現在，什麼都不做，只要呼吸，等待，臣服於這位神聖本體之大地女神的力量。呼吸進身體最深最隱密之處，逐漸感到脊柱底部出現了刺痛感。這種感覺，就是陰火。陰火是從最深處竄起的火，是生命的猛烈一躍，是從黑暗之心湧出的光明之流。

九、吸氣，把陰火往上提，穿過骨盆和太陽叢交感神經。到達心的時候，感覺「志」的陰火和「神」的陽氣混合。這時，感覺光分別從上方和下方湧進，交會時，你會感覺到小小的愉悅之流從你的心向外發散，充滿整個身體。繼續呼吸，把氣吸進心裡，感覺到愛與慈悲貫流全身——你這時體會到的就是神聖的結合，陰與陽合而爲一。這時睜開眼睛，讓這一支結合之舞繼續下去，讓你的靈光從內心發出，照向世界。

練習三：迷宮遊戲

達文西喜歡螺旋形狀和迷宮圖樣，譬如他畫在斯弗扎的城堡塔房的圖案。想要平衡陰陽能量，走迷宮是一種可以集中自我的簡單又好玩的方式。迷宮是一種迂迴曲折的路，只有一個入口通往中央聖地，也只有一個出口。走迷宮，不是要解決問題；它也不同於走迷魂陣(maze)，沒有決定點或是死巷。

迷宮裡的路是在繞著路轉，但很容易繼續往前走；換句話說，無所謂走對路或

走錯路，只管往前走就是了。一邊走，你會發現自己正在解開內在的對立，單單只是走著，存在著。

許多文化和傳統裡都有迷宮的圖樣，最早可追溯到四千年前，而其中最有名的迷宮，恐怕是位於法國那座讓人稱奇的夏特大教堂(Chartres Cathedrals)。這座夏特迷宮建於一二〇一年，嵌在教堂的石地板上，而後荒廢多年。後來，經過舊金山慈恩堂(Grace Cathedral)的艾翠絲牧師(Laerent Artress)的努力，這才讓夏特迷宮重現世人面前，再度做爲沉思、祈禱和追求心靈和諧平衡之用。

艾翠絲在舊金山的慈恩堂仿造了一座夏特迷宮，此外，她所創立的組織，維里達(Veriditas)，致力推動一項不分宗教教派的全球性內在寧靜與平衡的心靈復興運動。

現在的很多公園、墓園、監獄、學校、大學、醫院、休閒中心和 spa 裡都建了迷宮。你可以就近找一處迷宮，試做這項練習。

你可以把走迷宮當作是爲了達到某個特定目的，例如追求平衡、尋找療癒或創意靈感，或是做個感謝、讚頌和祈禱。你不妨把路程分爲三個階段，進入、聚焦、整理。走進去的時候，你抱著特定的問題或目的；走到了迷宮的中心時，你就觸碰到自己的中心，等待你的內在發出智慧的聲音。然後，假如你準備好了，就往外走出去，準備把你剛才所接收到的東西加以整理。

你也可以不帶問題或目的就走進迷宮；我第一次走迷宮時就是這樣。

我第一次走的迷宮，位於墨西哥塔咖提(Tecate)的蘭喬(Rancho La Puerta)，當時我剛剛動筆撰寫這本書。當我走到了迷宮的中心，我開始不由自主旋轉，就像我二十五年前看到的梅芙萊維(Mevlevi)苦修士一樣。我感覺到光的能量從上面往下而來，流過我的心，流到我的腳，把我和大地緊緊連結在一起。等我步出了迷宮，我心中浮起深深的感謝，領悟到我剛才被賜與了我爲了完成這本書所需要的一切。

總之，走迷宮就是在發覺你自己的節奏，每踏出一步，都要聆聽自己的心在說什麼。你也可以帶著筆記本，隨手寫下自己的感想。

這樣一個簡單的練習，眞的能帶來平衡、治療與和諧嗎？也許因爲我們做了一件不涉是非對錯、沒有壓力的事，所以產生了自由的感覺；也許，一邊走一邊轉，就平衡了大腦皮質的左右兩半邊。許多走過迷宮的人都可以直觀理解到，走迷宮其實是一種暗喻，代表的是我們的心靈旅程。艾翠絲認爲：「走迷宮運用到溫和的左轉、右轉、左轉……不知怎地，就產生了平衡和安詳，簡直像是被放在搖籃中輕輕搖晃一樣。」

你可以上網，到 wwll.veriditas.labyrinthsociety.org，找到一千八百座迷宮所在的位置。

道的普世智慧

計畫和行動，可以彰顯陽性特質。陽性，是把事情完成，是「做」。陽性能量驅使人設定目標，陽性特質是把力氣用來動手打造和執行策略，以求達成目標。陽的形狀是三角形。

陰性特質則在靜中得到彰顯。陰性能量會養成聆聽和接受的能力，並讓目標自行完成。陰性的寬闊平靜，乃是萬物源起之處。陰的形狀是圓形。

行動來自不動，思想來自非思想。三角形進入圓形，永恆的螺旋跳了出來。蒙娜麗莎，微笑。

我在寫這一段文字時，遠眺哈德遜河上繚繞的霧氣。我感覺到我的雙腳產生了我在河面上看到的漣漪。陽為我吸氣，陰讓我吐息。感謝上天讓我擁有陰性與陽性（也為了上天而感謝陰與陽）。

道在大自然裡，一目了然，就在河上，在林裡，在山頂。但我們該如何在辦公室或車陣中想起道？就模仿蒙娜麗莎的笑容吧。感覺你的呼吸，一次接一次呼吸。祈求法蘭克・查帕(Frank Zappa)的不朽名句為你帶來力量：「在你與世界的征戰中，支持世界」。

練習四：組一個你的陰性或陽性讀書會

一九八〇年代，受到布萊(Robert Bly)所寫的《鐵約翰》(*Iron John*)一書的啓發，很多男性團體成立，旨在確保陽剛特質有其價值，並在面臨女性對男性的期待產生了劇烈改變的時候，男性之間互相支持，讓自己覺得自己不錯。

那時代所成立的各種團體，其中有一些現在還在，但那股熱潮大體上已經退燒。反倒是有越來越多的女性以各種不同形式聚在一起，相互支持；其中最常見的聚會形式就是讀書會。

我那些參加了這類讀書會的女性朋友，通常會挑選文學價值相當於浪漫電影的書籍當作閱讀對象。有位對我意義重大的女性，有次帶了一卷這種類型的外國片回家（附字幕）。趁她離開房間的空檔，我按下快轉鍵，想跳到有動作的場景。不料我被她逮到了：「你想幹嘛？」我說：「我在速讀。」

我是個寫作的人，走到哪裡都會觀察別人在讀什麼書。我從沒在飛機上看過男生閱讀《Ya Ya 私密日記》(*The Divine Secrets of the Ya-Ya Sisterhood*)，你也難看到女性在海邊閱讀湯姆．克蘭西（Tom Clancy）的軍事諜報小說。

若想促進陰陽平衡，更深入了解陽性與陰性的能量和態度，組織讀書會不失爲一個簡單的方法，交替閱讀受女性或男性喜愛的書籍。以下提出幾本書爲例，但只是我的建議，你最好還是自己挑選書單。

關於陰性的書

《心中女神》*(Goddesses in Every Woman)*，波倫(Jean Shinoda Bolen)著

《自己的房間》，維吉尼亞・吳爾芙(Virginia Woolf)著

《野性之心》*(Wild Mind)*，娜妲莉・高柏(Natalie Goldberg)著

《碗豆樹》*(The Bean Trees)*，芭芭拉・金索沃爾(Barbara Kingsolver)著

關於陽性的書

《王者、戰士、魔法師、愛人》*(King, Warrior, Magician, Lover: Rediscovering the Archetypes of the Mature Masculine)*，羅伯特・摩爾（*Robert Moor*）著

《君子之道》*(The Way of the Superior Man : A Spiritual Guide to Mastering the Challenges of Women, Work, and Sexual Desire)*，大衛・戴達*(David Deida)*著

《奧德賽》，荷馬*(Homer)*著

《人鼠之間》，約翰・史坦貝克*(John Steinbeck)*著

我對於道的省思

我三十五歲的時候設定了明確而遠大的目標，希望能在四十歲生日之前達成。這些目標都實現了。於是我四十歲時，又訂了一個五年計畫。再一次，目標如我所

願全都達到了。

接下來到了四十五歲，我立下特定目標，希望能在五十歲生日前達成——然而我一個都沒做到。我很沮喪，甚至出現憂鬱現象，再怎麼說我可是個協助別人擬定計畫並實現目標的人，而我以這份工作爲傲呀。

後來，我問自己：「每一個目標的眞正目的是什麼？」

我心中浮出了清楚的答案，既讓我鬆了一口氣，也讓我覺得不好意思：我眞正的目的是爲了覺得自己不孤單，與世界連結，並體驗更深刻的愛和喜樂。

接下來的問題很明顯：「可不可能，就算目標沒有達成，還是可以與世界連結，並體驗到更深刻的愛和喜樂？」

這次答案一閃而出，明顯得讓人眼睛簡直要瞎了。當然有可能，而且我覺得諷刺的是，我只關注著達成目標，卻使得這些目標的眞正目的被遮住了。

我臣服了，接受了現狀裡自有道理。

我還是繼續追求目標，不過調整了一個態度來理解與接受它們：我在乎的是能體驗到愛和連結，而這個願望隨時可以成眞。

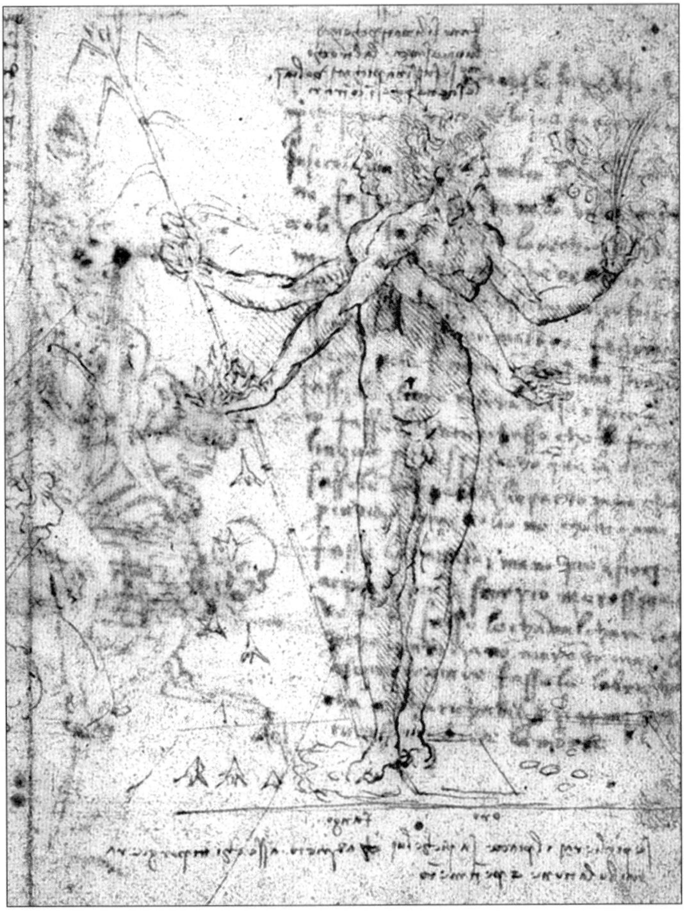

達文西不僅認知到凡事都有對立的面相，他也了解對立二者之間的動態而弔詭的關係。這一點可以從他的畫作〈樂與苦的寓言〉(The Allegory of Pleasure and Pain)看出：「畫面中的樂與苦，像一對雙胞胎……兩者背靠背，像是彼此相反，然而源於同一個軀幹。這是因為樂與苦源自同一個根基；苦和累，是樂的基礎，虛榮和淫亂之樂，則是苦的基礎。」

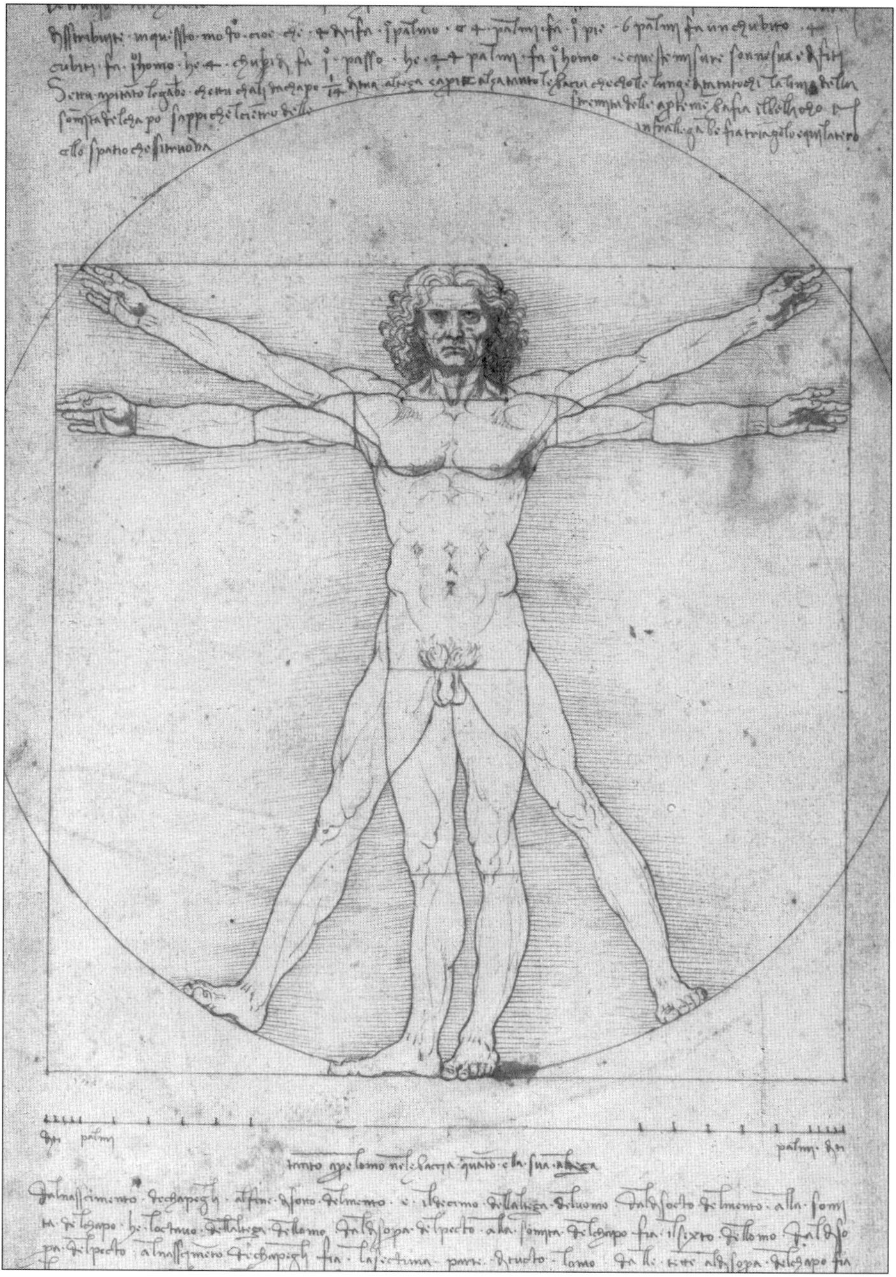

10 整合身心

小宇宙如何，大宇宙亦然。原子如何，宇宙亦然。人體如何，宇宙體亦然。人心如何，宇宙之心亦然。

——印度教經典

這幅素描旁邊有達文西的註記：「維特魯威在他關於建築的書中提到，上天依照以下的單位塑造人體：四指成一掌，四個手掌成一呎，六個手掌即一肘尺，四肘尺等於身高，四肘尺同一步寬，二十四手掌等於身高。他就把這些測量單位用在建築上。」

達文西的〈人體比例圖〉，原本是《神聖比例》(*De divinia proportione*) 一書裡的插畫，該書作者爲方濟會教士，帕奇歐里(Luca Pacioli, 1445-1517)，他也在數學上提出了創新見解。一四九六年左右，帕奇歐里來到米蘭，教授數學。這時的達文西，已經在米蘭擔任米蘭公爵的宮廷畫師和工程師超過十年。達文西對數學很感興趣，可能曾經協助安排讓帕奇歐里到宮廷面試。如果可以把帕奇歐里的作品當作跡象，這兩人的感受性簡直相像得驚人。

帕奇歐里對於「神聖比例」——或稱「黃金比例」——的討論，從探討人體比例

開始。他觀察到，在人體「可以找到各種比例和各種成比例的部位。這些都是出於神的旨意，透過大自然的內在奧秘而產生」。從他這樣的說法可以了解，爲何達文西能在帕奇歐里身上找到一種心與靈的和諧。他們兩人都認爲，人體的和諧的比例，只不過是許多「自然的內在奧秘」中的一個，而且也不過是反映了造物者的完美。

沒有多少人記得帕奇歐里的這本書，但達文西爲這本書繪製的插圖從來沒有被忘記。就像〈蒙娜麗莎〉成爲了人類共通的圖像，代表陽與陰兩股能量的平衡發展，達文西的〈人體比例圖〉也成爲通用的象徵，代表了人類的類潛能和身心靈的整合。這個圖像，出現在許多心靈成長書籍的封面、健身俱樂部和 spa 的傳單、醫學中心和醫院小手冊的封面上，以及數不清的與體能、保健和健康相關產品的廣告中。

小宇宙的宇宙學

達文西對於神聖比例的欣賞之情，可以從他的素描和繪畫中的人物中看出來，也可以從他的建築和城市計畫研究裡一窺端倪。

不過，他對於人體解剖學的興趣，遠遠超過只是關注手腳四肢的比例如何，以及如何將之實際運用在設計上面。他是把他從解剖學所做的創新研究所得，用來了解人體最深層的秘密，進入創造的核心，而他在這個過程中對於健康和治療有了新

的認識——這一點相當驚人，預言了現今許多醫師採用的整體療法(holistic approach)。達文西在筆記中寫道：「醫學是要把不協調的元素加以修復……注入活體。」他也相信，把身體各部分和靈魂加以和諧整合，是維持良好健康的必備條件。

達文西研究解剖學的時候，就像他研究所有東西時一樣，一定會戮力追求最周全而最詳盡的認識。他在解剖學註記的開頭寫下這樣的許諾：「我會詳盡說明各個部位的功能，把人的形和質都呈現在你眼前。」他把自己的解剖學畫作形容爲 **cosmografica del minor mondo**，一門小宇宙的宇宙學。

〈人體比例圖〉的原文名稱，是從古羅馬建築師維特魯威(Marcus Virtruvius ca. 70-25 B.C.)而來。帕奇歐里從維特魯威身上得到很多啓發。有時也被稱爲「第一建築師」的維特魯威，從建築的角度分析人體比例：人體的中心通常是肚臍，如果有人平躺下來，四肢伸展開，拿圓規以他的肚臍爲中心畫一個圓，那麼他的手指和腳趾都會落在圓周上。人體可以形成圓型輪廓，也可以形成四方型：先測量腳底到頭頂的長度，再把手臂張開，測出兩臂距離，就會發現兩者長度相同，如同平面上的完美正方形。

「古人謂人體即一小宇宙，」他寫道：「這個名詞的確有見地。」把人類比擬爲大世界裡的小宇宙，是所有偉大靈性傳統的共通見解：在上如在下(as above, so below)。

此一事實放諸四海皆準，在今日的意義也和在古代或是達文西的時代一樣有意義。再者，這個「人體小宇宙」的想法，以及它在健康和治療方面的意涵，獲得了今日的互補醫療(complementary medicine，即另類療法)執業者的新評價。修斯特曼博士(Dr. Dale Schusterman)是互補醫療法的箇中佼佼者，治起病來迅速有效。他用了與達文西十分類似的語言來說明他工作背後的哲學：「人體，以及環繞著人體的能量系統，乃是一個較大而較普遍的系統的縮小複製版。」

身體是一個整體

身爲整脊醫師的修斯特曼知道，眞正的健康不只是來自於讓身體各部位協調良好，也要做到讓身體配合某些比較隱微的能量。因此，他鑽研了包括卡巴拉(一種猶太神秘主義)在內的數種智慧與文化，將之與自己原先所接受的脊骨矯正訓練結合。他解釋道：

> 卡巴拉的基本理論是，男人／女人是依照宇宙或神聖存有的形象創造出來，因此我

我們的身體歸於天

「豈不知你們是神的殿，神的靈住在你們裡頭麼。」
——《聖經・哥林多前書》

「這裡……處在肉身裡無法感受到『眞』，
但『眞』確乎存在。
在隱微的本質之中，只要存在，就擁有自我。
那就是眞，那就是自我，那……就是你。」
——《歌讚奧義書》(Chandogya Upanishad)

「身體如同靈魂的衣服。」
——革馬拉安息日(Gemara Shabbat)

「現在基督在世間以你們的身體爲身體，
以你們的雙手爲手，以你們的雙腳爲腳，經由你們的眼睛看
基督對世界的憐憫。他藉以四處行善的，正是你們的腳；
現在他用來賜福眾人的，正是你們的雙手。」
——聖女大德蘭(St. Teresa of Avila)

「我是存於生命體內的永恆宇宙之火。」
——《薄伽梵歌》

們應該像達文西一樣，看得到人類形體內含的大設計。我們除了在形體上反映出更高層次的型態，我們內在的本質也和神聖存有一樣，就像一滴水裡也擁有整片海洋的特性。（……）

卡巴拉的相關圖像通常和人體有關連。這不僅只是把靈性概念加以擬人化而已，更是把神與人之間的類比結構建立起關係。

或者可以用達文西的話來說：「我們的身體歸於天。」

著有《靈量：喚起內在能量》*(Kundalini: The Arousal of the Inner Energy)*的穆克吉(Ajit Mookerjee)，則從印度教的觀點呼應了達文西和修斯特曼：

統治大宇宙的力量，也統治小個體。生命為一，所有的生命形體都在結構複雜巨大卻不可分的整體之中相互連結。這種根本的一致性，變成小宇宙與大宇宙之間的橋樑。

達文西之所以了解大宇宙與小宇宙、身體與宇宙之間的關係，來自於他在身體與心靈整合方面的知識。他知道，人的態度和生理機能是相互依存的，他也知道，身心的整合必須用有意識的方式加以進行。許多人認為，達文西對人體的深入洞察反映出他自己的生活方式，他身心內外的和諧，造就了他贏得同時代人讚賞的優美體態和體能成就。到了我們的時代，新時代心靈大師則稱讚達文西為「身、心、靈

和靈魂近乎完美的整合」。

達文西預告了神經精神免疫學（psychoneuroimmunology）的出現，這一門現代的醫學分支認爲，人的心思意念會反映在免疫系統上面。而達文西早就勸告大家，想要身體健康，就該「避免劇烈情緒變化，保持心神愉快」。達文西自己是出了名的個性溫和而樂觀，就算遭逢困厄也不改其態度。他也相當注重飲食、運動和作息等生活習慣，並建議大家，「學著保持健康」。雖然環境和基因決定了我們的先天條件，但我們可以自己運用這些條件，像達文西一樣，以飲食、運動和態度等等關鍵來達到健康和幸福。

達文西對他那個時代的醫學提出諸多批評，這是因爲在那時代的很多醫療方式都是出自迷信，而且治療結果是弊多於利的。他譏嘲醫生開的藥方是出自不科學的「煉金術」(alchemy)，警告大家要小心。

如果達文西活在現代，想必會推崇許多現今科學家研發出的藥物，以及現代醫學帶來的其他好處，但也一定會注意到其中缺點，特別是現代醫學傾向於把病患看成是多個部位的集合體，而不是看成一個相互關聯的整體。

這種傾向已經引起想法先進的執業醫師的抨擊，但當前的主流醫學思惟還是維持這種機械化的觀點。醫師把身體視爲一部機器，每一個部位各有各的專科領域和專業醫師。不只身體各部位被視爲各自獨立、彼此無關聯，身體也被視爲與情緒、

心靈和環境無關。醫學爲了追求客觀，把人變成「東西」；一個專科醫師也許專攻耳朵、鼻子或喉嚨，關於身體其他部分的知識也知道不少，但他對病人的生活型態、整體狀況，甚至病人先前看過的醫生做了什麼診斷，都所知無幾。

不把身體視爲一個整體，不採用所謂的「系統思考」，會造成很多問題，問題之一就是現代西方醫學傾向把重心放在減緩「症狀」，而不是處理「病因」。爲了壓制疾病症狀，醫藥界持續在發明特效新藥，通常也能有效果，但也同時製造出越來越多的抗藥性菌種和病毒，以及各式各

讓它完整

Healing(「療癒」)一字的拉丁字根爲 hal ，意思是「使之完整」。達文西致力於了解「人類完整的形體與本質」，而後把在這方面的認識拿來發展「生命是什麼，健康是什麼」的知識。要知道，我們採用了什麼樣的療癒模式，會對生活品質產生決定性的影響。如果能對自己的情緒和身心靈方面保持自覺，將會更深刻體認到什麼叫做健康——什麼叫做神聖的比例。

樣的副作用，有時副作用比原本的疾病還糟糕。

達文西則相信比較整體的健康看法。他寫道：「醫生身爲病人的守護者，必須了解人是什麼、生命是什麼、健康是什麼，也必須了解這些要素之間應該如何保持平衡與和諧，才能維持健康。」在今日這個分工精細的專科化時代，這種見解逐漸被遺忘。不過，達文西研究自然界的任何事物，都是採用整體的、整合的方式，不管研究的是植物、動物和人類，他總是想找出個體和整體之間有什麼樣的關聯。

彰顯達文西的療癒智慧

與西方的對抗醫學(allopathic medicine)相比，傳統療法比較可能彰顯達文西的智慧。於是，一些採用整合療法的醫師，都在深入研究疾病與健康的根源。這方面的先進研究者之一，巴倫坦(Rudolph Ballentine)，分析比較了西方醫學、印度韋達養生學（Ayurveda）、中醫、同類療法、歐洲和美洲原住民草藥學、營養和具精神治療效果的按摩等等療法的優缺利弊。巴倫坦想把各式醫療傳統裡的最佳療法結合起來。「(把這些最好的療法)經過整合，把互補的觀點和技巧一層一層疊起來，」他寫道：「我們就能獲得一種混合療法，它可以比任何一種單一療法都有效而徹底。」

恰巧名叫「蒙娜麗莎」的醫學博士，蒙娜麗莎．舒芝(Mona Lisa Schulz)，是另一位把達文西式的健康思惟應用在現代治療的重要人士。舒芝是神經精神科醫師、科

學家、直觀治療師，也著有《喚醒直覺》(*Awakening Intuition*)一書，她呼應了達文西提出的「學著保持健康」，與達文西抱持相同觀念，認爲若欲健康就必須「避免劇烈情緒變化、保持心神愉快」。

「如果情緒失衡，」舒芝寫道：「身體就會產生等比例的生化失調，爲疾病提供了成長環境。同理，如果忽視了身體健康，情緒也會受到同等的干擾。」

醫學博士馬可·迪佛里斯(Marco de Vries)著有《醫藥救贖》(*The Redemption of the Intangible in Medicine*)一書，率先進行心靈力量與科學療法的整合工作。他在一九八〇年率先對病患進行實驗，研究「意義」在生命裡的力量。

迪佛里斯醫師與經其他醫生轉介過來給他、對於先前的治療反應不佳的幾位患者合作，要求他們參加小組討論。在六個半小時的療程中，這幾位罹患不同疾病的患者互相談話討論，也與迪佛里斯的研究團隊討論以下這類的基本問題：

✦你真正想要為什麼而活在世上？

✦你需要做哪些事情才能康復？

✦你該怎麼做那些可以讓自己康復的事情？

✦你心裡本有的智慧，如何對你說起你目前的情況？

迪佛里斯表示，他這個實驗的目的是爲了幫助病患：「站在生命裡的意義的角

度，考量自己的身體狀況和處境。」

那麼，這項實驗的結果如何呢？

那幾位病患，都因爲改變了面對自己和面對身體不適的態度，使得病情有所進展。此外，六次療程進入尾聲時，所有病患都感受到身體的不適程度有所變化；整體而言，身體不適的情況變得不那麼明顯，有幾個人的不適感還消失了呢。特別是有一位病人的病史產生劇烈改變——她二十八歲時不再服用鎮靜劑，而她在參加療程之前已經連續吃了十四年的高劑量鎮靜劑。

隨著今日的整合療法逐漸興起，達文西對於健康的看法也隨之復活。達文西的觀念引導了我們，根據世上各種醫療傳統裡的最佳療法，以及所有科學（基因學、化學、物理學和心理學等）裡的重要數據，把它們加以整合，從而創造出新的醫學。

達文西的整合之道可以激勵我們，務必記得人類心靈在健康和療癒裡扮演的角色。

整合身心：自我評量

□ 我把自己的身體視爲一個機械物件。

□ 我把身體視爲一個能量系統。

□ 我爲自己的健康和福祉負責。

□ 我能察覺到，我的態度對於我的身體造成了什麼影響。

□ 我能察覺到，我的身體情況對於我的態度造成什麼影響。

□ 我對自己體內能量的流動很敏感。

□ 我感受到，我體內能量的流動和周遭環境的能量流動達到了和諧。

□ 我體認到我的身體是我心靈的殿堂。

□ 我在享受性愛的同時，也體認到其神聖的特質。

靈性的練習

「你的藥就在你裡面，而你沒發現。
你的病痛來自你自己，而你不注意。」

——阿里(Hazrat Ali)，蘇菲教派大師

練習一：〈人體比例圖〉治療法

達文西對於「小宇宙結構」的理解，呈現在〈人體比例圖〉裡，而此圖正是啓發了修斯特曼博士的治療系統的靈感來源——我發現這一點時喜出望外，那是當我請修斯特曼爲本章提供一種練習方法，結果（由他的哲學看來其實不令人意外）他給了一項以〈人體比例圖〉爲基礎的練習，他用此法來教導患者如何整合身、心、靈。這個練習，完美體現了達文西理想中的和諧平衡。

以下要介紹的這個練習，把宇宙系統（大宇宙）的知識應用在人體系統（小宇

〈人體比例圖〉的四種立姿

根據修斯特曼的看法，這四種立姿反映出人類四種層級的能量狀態：

肉體、靈魂、因果和靈性。這四種狀態，在不同的思考系統裡以不同的名稱出現，但四度空間的概念可說是世界共通。這四度空間被稱為「體」(bodies)，通常被想像成是一環一環的能量，包覆著人體四周，離肉體越遠，密度就變得越低。

我們在靈魂層級可以得到超自然能力，而我們在夢裡可以造訪這一層。因果體則是在深層睡眠中可以體驗到，這兒也是榮格所說的「集體潛意識」的領域，以及與原型有關聯的領域。最高的是靈性界，在這裡存在的是「我是」或見證了個人存在的至高狀態。至於我們所說的上帝，在這四體之上，而且無法以文字語言描述。

這四個領域，在修斯特曼所寫的《靈魂的語言》*(Sign Language of the Soul)*書裡有更詳細的描述；這本書不但內容豐富，也很實用。不過修斯特曼同意，即使不了解或不接受這個四領域的說法，也可以從這項練習中充分獲益。

宙）上。這項練習是以卡巴拉、印度教的宇宙觀以及瑜珈的教導爲基礎，可以把身與心帶到更高境界，讓人覺得更完整而合一。

修斯特曼博士解釋：「〈人體比例圖〉成爲整體療法的符號和健康的象徵，部分原因在於這幅圖像喚出了四度空間的能量。不管誰看著這幅素描，都會在身體內部產生整合的能量轉換。」

達文西這幅四合一的素描，顯示了兩種不同的手部姿勢和兩種不同的腿部姿勢。每一個手部姿勢與一個腿部姿勢搭配，可以產生四種立姿。

以下將逐步解釋如何利用〈人體比例圖〉，模仿其中姿勢來進行療癒和身心整合。這些姿勢和瑜珈體位法一樣，都可以把身體調整到較和諧的能量頻率。換句話說，擺出這些姿勢的時候，你的深層內在將會感受到更高層次的意識震動，與它產生連結，而你的神經系統也會調整到這個新層級。按著步驟做，就會找回和諧；依照建議，把所有步驟做七次，不但能促進身體和諧，也能得到性靈的祥和。

這個練習可以站著做或躺著做。請參照本章開頭圖像(見第一八二頁)的姿勢，記得，擺出這四種姿勢時，都要把左腳向外，雙掌掌心朝前方。若能在過程中保持安靜，維持接收狀態，將可收到最大的效果——換句話說，就是要持續觀察著自己是如何在看著自己擺出這些姿勢。每一個姿勢保持三到五秒，然後再換下一個姿勢。

1. 把雙腿張開，把左腳朝向外，雙臂張開呈水平狀態。
2. 雙臂保持水平，把雙腳併攏（左腳還是朝外。記得，在這五個步驟裡，左腳都要向外）。
3. 雙腳併攏，雙臂上舉。
4. 雙臂維持往上，把雙腿打開。

做完這四個簡單的步驟，你的身體就會找到中心，不過你的系統裡可能還是有一些不平衡的地方。花一點時間感受自己這新的狀態。接著，進入第五個步驟。

第五個步驟非常簡單：觀看本章開始處的〈人體比例圖〉，這可以消除你殘留的不平衡感，讓自己的身、心、靈達到更完整的統合狀態。

把以上五個步驟重複七次。

有些人從這項練習中體驗到深深的釋放感，有些人則只注意到細微的內在祥和。對於我來說，這個練習非常具有調校的效果，每一次做完都會覺得好多了。

一位維吉尼亞州的企業顧問樂文(Taya-Marie Levine)，學到了這項練習之後，寫信給修斯特曼博士；她的信可以代表這項練習所激起的回應：「做了〈人體比例圖〉平衡練習，讓我在幾秒鐘裡，就把我察覺到的生理問題或內心困擾全都打點妥當。

非常清楚的，做到最後，可以爲我帶來能量上的立即而明顯的轉變。我不管是在辦公室、家裡或者在差旅途中，都能做這練習。因爲我只需要知道它的做法，而我本身就是工具。我眞的萬分感激！」

這個練習若能每天早晚各做一次，將會收到最大的效果。覺得疲倦或壓力大的時候，這個練習尤其能帶來幫助。

在工作環境裡或因特殊原因而無法擺出其中某一兩種姿勢時，也有替代方案：按照次序，觀看每一個姿勢的單一圖象，接著再看整個圖像。

以下這個網站，以幻燈片方

達文西評〈人體比例圖〉

「雙腳打開，讓你的身高減少四分之一，展開雙臂，舉高，讓中指與頭頂齊高。要知道肚臍會是圓心，四肢剛好碰到圓周，而圓心和雙腿之間形成一個正三角形。一個人雙臂展開的寬度，等於他的身高。這位畫家以和諧的比例，讓整體的各部分同時反映，這樣一來，各部位便能一起或個別展現。把所有設計視爲一個整體，便是一起展現；只看個別的組成部分，便是個別展現。」

式呈現這五個圖像：http://www.signlanguageofthesoul.com/vitruvian_man_healing.html）

練習二：心的能量治療

在希伯來文裡，「愛」是 **ahavah**。而梵文裡表達「至福」的字是 **ananda**（較接近靈性的愛而不是人間的愛）。希伯來文和梵文都是古代語言，比現代語言保留更多靈性的根源，因而這些古文字的發音可以喚起該字的能量意義。只要大聲唸出這些字，就會感受到這些字所代表的情境。達文西所畫的心，也有異曲同工之妙，散發出靈性之愛的能量頻率。

試著觀看達文西所畫的心臟圖，大聲唸出「**ahavah**」和「**ananda**」，在你的眼睛所看（圖像）和耳朵所聽（這兩個字的聲音）之間，會產生強大的共鳴。對於細微能量敏感的人，會立刻感受到。

心的能量，在許多層級上都具有療癒作用。作家伊邁特・福克斯（**Emmet Fox**），曾經啟發了創立「無名氏戒酒協會」的比爾・威爾森(**Bill Wilson**)，他如此評論 **ahavah** 的治療力量：

> 只要有足夠的愛，就沒有無法克服的困難；只要有足夠的愛，就沒有無法克治癒的疾病；只要有足夠的愛，就沒有無法開啓的門；只要有足夠的愛，就沒有無法跨越的鴻

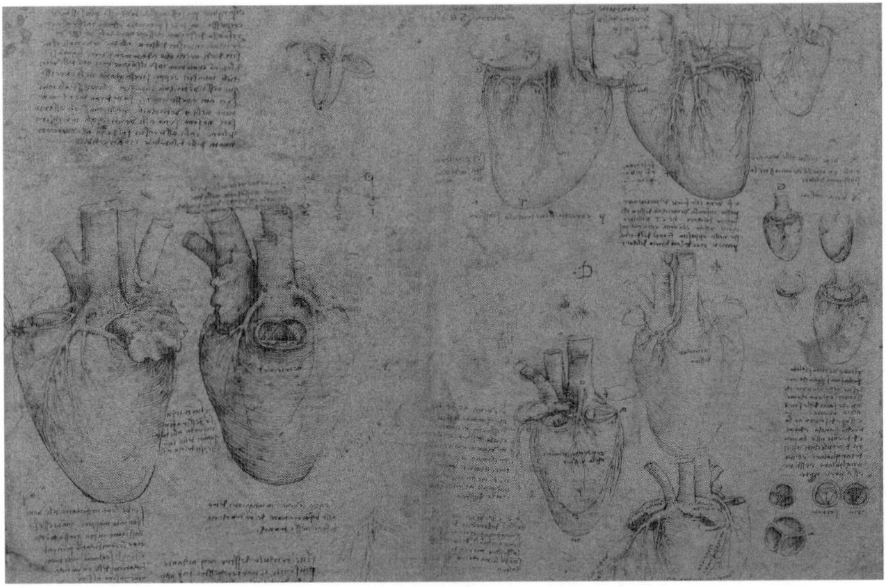

心的能量

身體所產生的磁場裡面，最強的就是心臟的磁場；對此讀者可能會很感興趣。根據《心能量開發法》(*The Heartmath Solution*) 一書作者杜克・齊德瑞（Doc Childre）的說法：「比腦部產生的磁場強了五千倍左右。心臟磁場不但影響了身體所有的細胞，也會發散到體外；以靈敏的探測器，磁力計(Magnetometer)，可在距身體八到十呎之處測得數值。」

溝；只要有足夠的愛，就沒有無法摧毀的城牆；只要有足夠的愛，就沒有無法救贖的罪……

無論問題的根紮得多深、看起來多麼無望而糾纏難解，也不管犯下的是多大的錯誤，只要充分了解愛，就能解決一切問題。只要愛得夠，就能成爲世界上最快樂最強大的存在。

練習三：左手右手同樣靈活

現代研究證明，雙手並用，可以促進平衡和腦部的發展。達文西的左手右手都很靈巧，不過我們大部分人都只依賴主控的手和那一側。而我們不用的那一側，就囤積了我們選擇不去理會的能量殘餘。換句話說，當我們不看某些內在的眞實狀況，或是把心關上，我們就會把這些記憶儲存在神經系統裡被忽略的區域。因此，假如我們能用平常不用的那一隻手來書寫、繪畫或是做其他活動，將有助於達到心理平衡，帶來能量。

我們可以利用這個特性，輔以達文西所畫的心臟圖，開始清理我們身體心靈裡的失衡狀況。下面這個簡單的練習，可以讓系統裡的不平衡狀況浮出表面，好方便進行接下來的清理。

暖身：請先做幾次〈人體比例圖〉的姿勢練習，讓自己做好準備，把在這個練習裡浮出的不平衡給排掉。

開始：找一張空白的紙，一枝原子筆或鉛筆。不看紙面，以比較不常用的那隻手寫下自己的名字；右撇子用左手，左撇子就用右手。

然後，再以比較不常用的那隻手寫一次自己的名字，不過這次要看著二〇一頁達文西的心臟圖。寫名字的過程中，要看著心臟圖，而不要看自己在寫什麼。達文西的圖帶著 **ahavah**（愛）和 **ananda**（至福）的頻率，因此過程中自然會把這種能量引進不常用的那隻手，也就是隱藏的那一面自己。

寫好名字後，安靜坐一會兒，感受你內心的變化。這個簡單的練習會導引出你不熟悉的感覺，或是身體裡的能量以不尋常的方式移動。不過，有些人對於這些能量的感覺並不敏感。

最後，再做一次〈人體比例圖〉姿勢練習，確保自己處於平衡狀態。

練習四：維特魯威集中練習

達文西的〈人體比例圖〉讓我們看到手與腳是和身體重心等距離的。這個重心在日文裡稱爲 hara，在中文叫做丹田，英文則稱爲 guts。培養對重心的察覺，可以增進平衡，幫助身心靈整合。

一開始，先坐直或站直。

接下來，用一隻手（左手或右手都可以）按住肚臍下方約兩指處。

緩緩吸氣，從鼻腔導入丹田。

然後，用嘴巴徐徐呼氣，一邊持續發出「啊」聲。呼氣時要注意丹田的變化。

重複做七次，過程中要仔細感覺自己在集中。在日常生活裡要經常注意有沒有把氣吸入丹田。

練習五：氣功

鄧丁醫師（Dean Deng，音譯）是我見過的最精神奕奕，活力充沛的人之一。他也是很獨特而優秀的整合治療的模範。他三歲就接觸道教的氣功傳承，現在是氣功大師。在中國文化裡，中醫和武術都以氣功爲基礎。「氣」是天地間的生命力，而「功」可解釋爲「行動，練習，從而有力」。所以氣功是一門增強生命力的方法。

我有幸在幾年時間裡定期和鄧醫師一起工作，並參加他的「八寶氣功」工作坊。練習十五分鐘，即可獲得上述諸多益處。你可以購買鄧醫師的書和錄影帶來學習，也可以試試以下這個結合了達文西智慧的鄧醫師暖身操，淺嘗這個帶來活力的練習。

達文西曾經試著畫出土、火、水和空氣這幾個元素的精華，而在以下這簡單的

六步驟練習當中，你將會吸取這些元素的精華，爲身體細胞帶來活力。

首先，站直身子。兩腳打開，與肩同寬。肩膀放鬆，膝蓋稍稍彎曲。做幾個吸入下腹底部（也就是丹田）的呼吸，呼吸的時候，想像自己正在吸入「氣」。

一、吸取土的能量。

雙腳站穩，雙臂向前伸出（與胸同高），掌心向下。膝蓋彎曲，蹲下的同時，呼氣。站起身，再次吸氣。

有規律地蹲下、站起，想像自己從腳底吸取土的能量，

氣功的療效

越來越多的科學研究顯示，氣功可以增進大腦皮質兩邊的腦波協調，增加白血球數量，改善循環與內分泌，而這只是眾多益處中的幾項。鄧醫師發現，氣功對於以下幾方面特別有助益：

- 壓力管理
- 增強神經與免疫系統
- 潔淨並活化全身，從內臟、骨骼、循環、皮膚到肌肉
- 降低或消除疼痛
- 促進幸福感
- 治療多種特定疾病

感覺到那股培育花園、涵養森林和金黃麥田的能量從地下湧出，填滿自己身體的所有細胞。

重複八次。

二、吸取太陽的能量。

吸氣，雙手從胸部往前伸出，掌心打開，彷彿想要碰觸到太陽。

吸氣，雙手收回胸前，想像自己正在把具有治療力量的金黃色陽光填入身體。

重複八次。

三、吸取海洋能量。

雙掌在胸前合併，吐氣，雙手打開，儘可能往左右兩邊伸展（像〈人體比例圖〉一樣）。

接著吸氣，收回雙手，置於

屬於靈性的決定

約翰・戴蒙(John Diamond)醫師著有《生命能量》(*Life Energy:Unlocking the Hidden Power of Your Emotions to Achieve Total Well-Being*)一書，書中從靈性的角度說明我們做出決定會帶來什麼影響，以及對健康造成什麼功效：

生命之路，取決於數十萬數百萬個的選擇。感覺什麼、想要什麼、說什麼、吃什麼、做什麼。而每一個選擇，都是爲了得到健康、愛與神——或者不是。

因此，所有選擇都是屬於靈性的決定。

胸部中央，想像自己正在用海洋的美好能量清洗體內所有分子。

重複八次。

四、吸取天的能量。

吸氣，雙手高舉過頭。呼氣，雙手以畫大圓的方式慢慢放下。再次高舉雙手，想像自己正把天、星星和新月的能量塡進大圓裡。

重複八次。

五、吸取全宇宙的能量。

吸氣，高舉雙手。吐氣，放下雙手。想像把土、太陽、海洋和天所有的能量，也就是整個宇宙的能量都吸進自己的中心。

六、以腹部力量發笑。我沒有聽過像鄧醫師的笑聲那樣燦爛響亮的。他告訴我，這種由丹田發出的笑聲，是「氣」的驚人力量的眞正奧秘。所以請在完成練習時儘可能用力拍擊腹部，同時唸出「哈哈哈哈」。

如果做不到以腹部力量笑，就請先試這個打禪冥想：坐直，閉上眼睛，緩緩唸三次「**Zen-za-hu-ma**」。然後再加快速度唸三次，然後再加快速度唸，能多快就多快。

11 愛的表現

常人與瘋子都在爲祂尋找失意人，在清眞寺、廟宇和教堂。
神只有一位，是充滿愛的神，愛從這些地方發出呼喚，
每一個都是祂的住所。

——蘇菲教派格言

右頁圖取自達文西兩種版本的〈聖母聖子和聖安娜〉之一，圖裡是聖母臉部的特寫。達文西畫出了一張聖潔慈愛的臉，啓發了在他之後的包括拉斐爾在內的許多繪畫巨匠。

從早期的作品〈賢士來朝〉(或做〈三王禮拜圖〉)和〈天使報喜〉，到兩種版本的〈岩窟聖母〉、〈聖母與捲線桿〉、〈聖母、聖子與貓〉、〈柏諾瓦聖母〉，以及兩種版本的〈聖母聖子和聖安娜〉，達文西一直想畫出一張代表神聖之愛的臉龐。聖母可親的臉容臉，是我們第七個特質的象徵——愛的表現。

「關於愛的概念，在人類文化所有面向裡都留下了寬廣而難以磨滅的痕跡，沒有其他任何概念能及。」《宗教百科》一書裡有項針對全球靈性傳統所做的研究調

查，發現各種文化與傳統的領導人士似乎都同意，「愛是世界上獨一無二的最強大的力量，是宇宙的脈動，它創造萬物，讓萬物生生不息，有方向可循……。」

古拉丁文「Amor vincit omnia」的意思是「愛戰勝一切」，這句話成爲達文西的座右銘之一，展現了他覺察到愛「是世上最強的力量」。

存在即是愛

對達文西來說，藉由愛的力量，萬物才得以連結，而他無窮的好奇心則是引領他走向愛的管道。「不管你愛任何事物，」他寫道：「愛，是我們對那件事物的知識所結成的果實，這份愛且隨著知識的加深而成長。」

愛，位於達文西的意識的核心。他說：「愛提醒了我，只有愛讓我清醒察覺。」

達文西的藝術作品，既描繪人物也描繪植物和動物，所畫出的結構和解剖構造眞是準確得驚人；這種準確度必須靠精密的觀察才能產生。在這些對大自然的細緻描繪之中，感受到了達文西對上帝造物的愛，以及他想用藝術來揭開「自然設計之榮耀」的熱情。

眼力，也就是「映照了世界之美」的眼睛，便是達文西精確捕捉自然靈魂的途徑；把雙眼所見畫下來，是他在表現他對於神性的愛。

達文西越是學習世上事物，就越容易看到過去與現在的關連，看到所有生物形

獨一無二，最強大的力量

「神就是愛。住在愛裡面的，就是住在神裡面，
神也住在他裡面。」
——基督教，《約翰一書》

「神的名字並不重要，因爲世界眞正的神是愛。」
——美國原住民格言

「充滿愛與榮耀的神。」
——印度教，《奧義書》

「愛沒有原因。愛是神之奧秘的星盤。」
——蘇菲教派，魯米

「愛建立了世界。」
——猶太教，大衛王

「愛與憐憫是必需品，不是奢侈品。
少了愛與憐憫，無以爲人性。」
——藏傳佛教，達賴喇嘛

態，人與動物、生命與無生命之間的關連。

達文西想描繪出他「萬物合一」的想法的努力，以他未完成的〈賢士來朝〉爲絕佳例證。這幅〈賢士來朝〉是達文西應了斯科珀脫(Scopeto)的聖多那托(San Donato)的僧侶之邀，前去在該教堂祭壇上繪製出來。

這幅畫的構圖複雜精細，採用了創新的透視法，再加上明暗對比，簡直造成了磁鐵一般的效果，把畫面上所有能量都集中到中央位置的戲劇場景上——聖母和聖子接見東方三賢士。三賢士位於前景，而背景的崩毀場景暗示了由於基督出生、異教世界開始衰亡。達文西在這幅畫上似乎對人類歷史做了個總結，以基督降生的時刻作爲高潮時刻，因此把聖母與聖子描繪成一場情感風暴裡的平靜中心，發著光，在聖母和聖子身後的人物，離中心越遠，風暴就越激烈。

神聖的寧靜和人類經驗的騷亂之間形成張力，預示了達文西日後在〈最後的晚餐〉裡更加純熟精鍊的對比表現。不過，〈最後的晚餐〉裡，與耶穌同桌的門徒的面容形象都清晰明確，但是達文西在〈賢士來朝〉裡以奇特的角度把人物安排在空間裡，讓他們看起像是消失到永恆裡，造成了暗示人數眾多的效果，藉以代表全人類。在背景裡，建築物的殘骸和騎士作戰的場景，表達了一個因缺乏愛的話語而崩潰、困惑的混亂世界。至於愛，則將由尚未長成、而今還在母親懷中的莊嚴聖子帶來世間。

許多評論都提到這幅畫裡那棵顯眼的角豆樹；這棵樹不但是猶大後來上吊的樹，也是結出了豆莢使得聖約翰在曠野裡得以維生的樹。這棵角豆樹後方，有一棵棕櫚樹，象徵生命，大片大片的葉子由樹幹向外散發，就像動脈和靜脈從心臟出發往全身，以達文西的話來說，「心，就是長出血管枝幹的果仁」。

在畫面左右兩側，我們看到另一個達文西深愛的主題：青春美麗（右邊的優雅年輕男子）與年長智慧（聖母左邊的古代老者）的對比。可是，對於達文西來說，對立不僅僅是對立；就像快樂與痛苦的關係一樣，青春與年老也像雙胞胎，彼此包含。畫面中的年輕人（許多人推測那是達文西的自畫像）有一天會變成老人——如果年輕人對此有所體認，也就是在心中爲一個較好的晚年播下了種子。「年輕時取得的知識，可以阻止年老所造成的危害。」達文西寫道：「如果你了解，人老了就要靠智慧來維持，那麼你年輕時就會努力讓年老時不缺乏養分。」

宇宙的基因密碼

達文西的藝術作品和科學作品裡，有幾個重複出現的主題。達文西深深著迷於往水中投石之後所激起的漣漪，以及龍捲風的漩渦；他的畫作顯示了他偏愛波浪狀的頭髮、長袍垂擺和植物的蜷鬚等圖案。我們在他眾多作品裡看到螺旋與雙螺旋的主題——譬如聖約翰的姿勢和衣服、麗達與天鵝交纏，以及聖傑羅姆(St. Jerome)的扭

水如愛，流經萬物

對達文西來說，水是把萬物聯繫在一起的元素。他在筆記裡寫下了他對於水的本質的觀察，這些觀察讓人想起他「樹幹／心」的類比：「如同血管遍佈人體，血液導入血管，海洋也是以相同的方式在大地的身上流動，無限多條水流分枝向外散佈。」

而達文西這種把河川比擬成生物的動脈和靜脈的詩意觀察，不僅僅只是暗喻而已——達文西發現老人的死因通常是動脈阻塞；他這項發現，無疑是出自他觀察到河口的淤積會阻礙河水的流動。

達文西的藝術作品裡出現了各種生動的水，且聽佩特(Walter Pater)對此的優美敘述：「它從遠處的源頭，從石縫間湧出……一條好極了的河流……在〈岩窟聖母〉畫裡的懸崖下，沖刷過遠處村落的白牆，悄悄經過〈蒙娜麗莎〉的支流脈絡，到達〈聖母聖子和聖安娜〉的海岸 ——在這雅緻之處，風如同蝕刻畫師父靈巧的手拂過表面；完好的貝殼層層堆積在沙上；在海浪所不及的岩石頂端，覆蓋著上好皮毛一般的綠草。這是風景，不是夢境或幻想；它來自遺世獨立的遠方，以奇蹟似的巧妙手法從上千時刻中選出此一時刻。透過達文西的特異的眼光，事物看起來就是那個樣子；不在尋常的白天或黑夜，而是在日蝕一般的昏暗光線下，或是天亮時分爲時短暫的陣雨之間，或是透過一片深水。」

「大不是虛空，不是缺乏，也不是冷漠，
而是充滿無私無我，慈悲感恩的甘露。」
——《般若經》

曲形體——都能在他的發明中找到呼應：螺旋齒輪、橄欖油印、各式螺絲釘，以及迴旋梯。達文西對這類螺旋形狀深感興趣，這暗示他出於直覺就發現到萬物最根本的相通之處，彷佛它預見了二十世紀會發現DNA的雙螺旋。

達文西的這項心得是根據觀察和科學分析而來，並非出自宗教哲學；但是達文西以直覺就發現了這個可以把萬物聯繫在一起的圖案，這種看法可以在世界共通的靈性智慧裡找到共鳴。

物理學家波姆稱這個世界共通的圖案爲「內隱秩序」，一種把世界上所有元素連結在一起的「深層結構」。

波姆在一九八〇年寫道：「所有東西都是互相含藏的。」(Everything is enfolded in everything)；而在波姆之前五百年，達文西寫下：「一切來自一切，一切是由一切組成，一切終將回歸一切。」

波姆的全像式宇宙(holographic universe)指出，

愛是唯一

「人一定要知道，沒有東西能獨立存在。
人一定要知道，萬物相互依賴。」
——大師的告誡，《藏文佛典》

「人類意識的深處爲一。」——波姆，物理學家

「總歸一句話——萬物相互連結。
我們處在相互依存逃脫不了的網絡裡，
綁在相同的命運上。
凡是直接影響了某一個人的事物，
也會間接影響其他全部。」
——馬丁路德金牧師

「天地與我並生，萬物與我爲一。」——莊子

「試著撿起單一的東西，
就會發現它和宇宙中所有東西都拴在一起。」
——約翰·繆爾(John Muir)，自然主義作家

「看哪，萬物爲一。」——加比爾（Kabir），波斯詩人

大宇宙和小宇宙其實是同一個；每一個原子都內含宇宙的「基因密碼」，就像一束DNA上面載有一個人的全部基因密碼。看來達文西早就得到了類似的結論：「這是眞正的奇蹟，宇宙各部分的形狀、顏色，和形象，都集中在一個點上。」

萬物相互關連

如同萬物相互關連，萬物來自空無，最後也回歸空無。用達文西的話來說：

空無沒有中心，空無的疆界還是空無……在我們之中發現的所有偉大事物裡面，最偉大的一樁就是發現了空無……就時間看來，空無的要素存在於過去和未來之間，也沒有屬於現在的東西……空無的一部分等於是整體，而整體等同於部分；可分割的等於不可分割的；把空無或加或減或乘或除，得出的答案都一樣。

「不論是物質上或精神上的事物，都來自同一源頭，像一個大家庭。」
——植芝盛平(Morihei Ueshiba)，合氣道創始人

「以色列阿，你要聽。主我們神，是獨一的主。」
——猶太教每日祈禱文

這種想回歸生命終極源頭的渴望，達文西認爲是表現出我們與大自然的不可分離：

每一個部分都注定要和整體結合，如此方得以逃過自身的不完整。（……）這種渴望，就本質來說，乃靈性的基本質素……始終渴望回到源頭。我希望你知道，這樣的渴望乃是天地間的本然。

又一次，他的話和老子《道德經》所闡明的普世智慧相似得驚人：

反者道之動，
弱者道之用。
天下萬物生於有，
有生於無。

達文西提醒了我們，應當面對謎一般的無窮無涯；我們來自空無，也將回歸空無——還請用笑容面對它。

或許，當他準備回歸空無的時候已經懂得了牟頓神父(Thomas Merton)所說的「沒有什麼能像沉靜(stillness)那樣接近上帝」——或許，愛是例外。

愛的表現：自我評量

- □ 我感覺到，我和比一己小我更大的東西之間是有連結的。
- □ 我每天有意識地培養我與比自我更偉大的東西之間的連結。
- □ 我有意識地對父母和其他親人表現愛與善意。
- □ 我有意識地對偶遇的人，譬如餐廳服務生、收銀台人員、汽車收費亭服務人員，還有其他所謂的陌生人表現我的愛與善意。
- □ 我允許自己每天體驗到充滿愛的感覺，每天愛人與被愛。

靈性的練習

「我們由愛而生，愛支持我們，我們也重返愛。」

——《奧義書》

行善

一九七六年，我前往土耳其進行三星期的歷險。我在那裡體驗到哈維提苦行僧(Halveti dervishes)的「齊克爾」(zhikr)，這是蘇菲派一種伴以音樂和舞蹈讚念阿拉的宗教儀式。我也特別榮幸接受了蘇菲教派的大師哈山(Hassan Shushud)的開釋。

結束後，我回到倫敦。不久，我聽說著名的蘇菲派老師哈卡尼(Sheikh Nazim al-Haqqani) 要從大馬士革前來，這位第十四代的 Naqshbandia 傳人，繼承了可上溯到先知穆罕默德的宗派，此番要來倫敦帶領祈禱和授課訓眾。機會難得，我帶著殷殷期盼越過了大半個倫敦前去與會。長老將在住處的客廳演說，客廳裡擠滿了人，屋裡

充滿了靈性的磁場。

長老穿戴著高雅的綠色袍子和白色頭巾，走進客廳。大家等他開口說話。寂靜彷彿可以觸摸得到。他開口說了：「行善，別做惡事。」然後他就微笑步出客廳。客廳裡的氣氛有點像是報紙上的漫畫場景，然而這帖一針見血的處方實在簡單得令人難忘；身處後現代文化之中，我們以自我爲中心、以相對論點和模糊態度來看待事物，並且追逐名流，把慈善與美行遠遠拋在身後。

前面六章說到了如何探索自己的靈魂、精進覺知、解脫束縛、整合能量、平衡陰陽特質，以及接受陰影；這些修爲當然重要，但最重要的還是「行善」。在所有的文明裡面，仁慈、原諒、博愛和服務都是「求道」的基礎。

如同達文西所寫的：「德行本身便是對有德者的獎賞。」他還用詩意的話語建議我們培養對於美德的愛：「總要依附於純潔有德的東西之上，寓居高貴的心中，就像綠林裡的鳥兒會棲息於開滿花朵的枝葉上。」大師的話再一次與普世智慧相呼應；這一次是佛陀的話語：「心存正念，行之不息，則法喜充滿。」

以下介紹幾個把善與愛帶入生活的方法。

博愛的七層級

所有宗教靈性傳統都倡導「慈善」。在基督教裡，博愛代表了上帝最純潔的愛，

所以是最高美德。在伊斯蘭教裡，博愛則屬於五基之一；「淨化」(zakat)之功純粹是爲了取悅阿拉。對佛教徒而言，行善乃是屬於六項要求之一，而行善時不該計較個人得失。

不過，慈善和許多美好的事物一樣，很容易就參雜了自我意識，例如行善是爲了得到別人的褒獎或取得影響力，然後就變成一種自我膨脹的工具。

偉大的猶太醫師兼哲學家邁蒙尼德(Moses Maimonides)，把「施予」分爲七個層級，提供了我們指引，供我們在行善時不受到自我膨脹意識的玷污。以下依照意圖的純潔程度的高低，列出邁蒙尼德的這七個層級：

1. 不情願的施予。
2. 經別人要求才施予。
3. 經別人要求，但馬上帶著微笑施予（給予的人明顯從中得到快樂，接受的人可能覺得羞愧）。
4. 施予者和接受者都知道對方，但接受者尚未開口，施予者就主動給予。
5. 施予者不知道誰是接受者，但接受者知道是誰給的（接受者可能會感激施予者）。
6. 施予者知道誰是接受者，但接受者不知道是誰給的（施恩那一方可能會因此感到愉快和優越感）。

7. 雙方都不知對方是誰。這是爲了行善而行善。施予者不知道是誰接受了幫助，因此較無自我膨脹的意味，而接受者不會感激特定的人。

邁蒙尼德一方面強調施予者的意圖必須純潔，同時也講求施予的最終效應。他認爲，最偉大的善行是讓接受者變得強大，再也不需要別人救濟。

有意識的服務

諾貝爾文學獎得主泰戈爾，也是位印度教賢人，他曾說過對於行善的領悟。他寫道：「我醒過來，發現生命就是服務。我行動，然後讚嘆，原來服務即是喜樂。」甘地

「只追求領土和財富以保衛名聲，卻被後人遺忘的帝王貴冑有幾位？有多少人生活在物質貧乏的環境中，卻以德行豐富生命？就這方面而言，窮人比富人還要成功，因爲德行超越財富。君不見，累積財富的人死後，留下的財富無法爲他們聚集讚美。」

則觀察到：「服務化為喜悅之情，在服務之前，感官歡愉和物質擁有盡如無物。」

在你的筆記本裡，寫七項你在一星期裡可以辦到的簡單服務，譬如煮一頓飯給朋友吃、替親人打掃房間、撿起辦公室地上的垃圾、為年輕夫妻帶小孩，或是在收容所或醫院當義工。每天做一項。不要對別人說，只要把心得寫在筆記本裡。

憐憫和原諒

憐憫是世上所有文化傳統的核心。現在，請閱讀下面的文字，想一想自己應該如何把它們放入心中：

猶太傳統提到：「我們想起了父母示範給我們看的憐憫，願我們能獻上自己，把那種憐憫轉向天下蒼生。」

以佛陀的話來說：「仇恨無法消除仇恨。唯有愛能泯除恨意。此千古不變之法則。」

耶穌則是教導我們：「惡行永遠無法驅逐惡行。但若有人對你行惡，你應該對他行善，以你的善行摧毀他的惡意。」

先知穆罕默德訓誡：「誰錯待了你，你就原諒他；誰拒絕了你，你就加入他；誰對你行惡，你就對他行善。」

螺旋式呼吸冥想

我們知道達文西喜愛螺旋狀圖案，他的作品裡不斷出現女子肖像的捲髮、他心愛的植物的蜷鬚、伯利恆之星，以及他喜歡收集的鸚鵡螺的螺旋構造。這些事物都屬於深層結構的一環，一如水面泛起的漣漪，河川流過了大地，而我們所呼吸的空氣也一樣。達文西寫道：「生命的力量由空氣演變而來，空氣是人類和所有生物得以生存的共通要素。」

以下要介紹的螺旋式呼吸冥想，深具啓發性，可以讓我們頌揚達文西的靈性，並且敞開自己，與自我、大自然和神形成更深的連結。

首先，以舒服的姿勢站或坐，伸展脊椎，肩膀放鬆。

閉上眼睛，吸氣，想像著有一道螺旋狀的純潔白光從地面升起，以逆時針方向竄進腳底。

讓你的呼吸和這道想像的光同時向上盤旋，經過脊椎，穿過頭頂。想像它們一路洗淨你的細胞，淨化並喚醒你身體的每一個部分。

然後，吐氣。想像你吐出的氣息和白光以順時針方向從頭頂往下降，經過脊椎，到達腳底，再回到大地。在氣息與白光向下降的時候，讓自己的細胞充滿活力和愛。

做七次螺旋式呼吸。

最後張開眼睛，以正常方式呼吸，休息一會兒。做一次感恩。

若想詳細認識這個冥想練習，請參閱柏瑪(Wendy Palmer)所寫的好書《直覺身體》(*The Intuitive Body*)。

有意識的愛與善行

這個取自佛教傳統的簡單觀想法，可以培養靈性方面的關連能力。

首先，做四個「三願」：「願我能快樂。願我能平靜。願我能自由。」（佛教裡所說的自由，包括讓靈魂從輪迴中解脫，而後得能自願以菩薩之姿，返回世間，幫助眾生開悟與得自由。也可以只簡單把自由想像成，不被任何有礙自己與神的連結的東西拘束。）

做過了祝願之後，接下來，爲身邊所愛的人祈願，同樣是「願我所愛的人快樂。願我所愛的人平靜。願我所愛的人自由。」

接著，把慈愛的範圍擴大到眾生：「願眾生快樂。願眾生平靜。願眾生自由。」

最後，回到一開始爲自己做的祝禱：「願我能快樂。願我能平靜。願我能自由。」

也可以用其他禱辭表達相同的基本意念，像是：「願我(他們)健康／強壯。願我(他們)喜悅／快樂。願我(他們)充滿平靜和愛。」

最後　達文西的祝福

老子說過，做結論，是在前往較不無知的路上所露出的無知。所謂「前識者，道之華，而愚之始」也。因此，本書最後不做結論，但願讀者接收到下面的七重祝福，從中發現新的開始：

願大師的追尋精神，能觸動你對於健全和真理的追尋。

願你找到勇氣，為自己的意念和行為負起全部的責任。

願達文西的天使啓發你，讓你打開感知的內在之眼，珍惜活著的每一刻。

願你的自我接受之光，照亮你內心最黑暗的角落。

願你和蒙娜麗莎一樣微笑，露出你和諧的陽性氣質與陰性氣質。

願你的身體、情緒、心和靈得到整合，得享無窮的精力和生氣。

願你的生命充滿美、善、喜樂和愛。

達文西的〈賢士來朝〉畫裡，聖子擺出了皇冠(Kether)的手勢。這個姿勢，在好幾個宗教與靈性傳統裡都有特殊的意義，也常出現在文藝復興時期的畫中。兩種版本的〈岩窟聖母〉裡都有這個姿勢。卡巴拉密教認為，這姿勢代表了生命之樹的第一層，賽佛拉(sefirah)。在瑜珈裡，這姿勢象徵了皇冠脈輪；在道教傳統中則是指東華帝君，也就是陰陽分開之前，陰陽合一的領域。對達文西而言，這姿勢像是在向天國祈求，把神聖的祝福降臨在眾人身上。

附錄一

資源

・琴恩・修絲頓(Jean Houston)的「神祕學院」(Mystery School)：JeanH@aol.com

・拜蓉・凱提(Byron Katie)的網站：www.thework.org

・吉恩・瓊斯(Gene Johns)是音樂治療的大師，詳參網站 www.soundgateways.com

・關於「陰影工程」，詳情可連絡 Dr. Connie Zweig:czweig@aol.com

・洛麗・狄佳(Lorie Dechar)的「五靈針灸」：www.fivespirits.com

・修斯特曼(Dale Schusterman)的能量治療:www.SignLauguageoftheSoul.com

・亞歷山大技巧(Alexander techinique)是一種簡易的放鬆方法，練習者可以從中習得如何在日常動作中取的神聖平衡。請洽 Michael Frederick:michaeldfrederick@earthlink.net

・若您願意支持一項以達文西特質所進行的科學教育，請洽詢 The Discovery Center of Science and Technology: ericksonl@discovery-center.org

附錄二

圖片說明

達文西的〈花的習作〉。
收藏於威尼斯的 Accademia。本頁圖片來源：Alinari/Art Resource, NY

〈連接挪威與瑞典的達文西之橋〉(Leonardo Bridge linking Norway and Sweden)。
本頁圖片來源：Anette Skaugen

達文西的〈但丁的瑪蝶爾達仙子〉(The Nymph Matelda from Dante. s Paradiso)。
The Royal Collection copyright 2004, Her Majesty Queen Elizabeth II

梅爾吉的〈達文西側面畫像〉(A Portrait of Leonardo in Profile, 約 1515 年)。
The Royal Collection copyright 2004, Her Majesty Queen Elizabeth II

達文西的〈風景〉，畫作上標注了年份爲一四七三年八月五日。
收藏於義大利佛羅倫斯的烏菲茲(Uffizi)美術館。本頁圖片來源：Scala/Art Resource, NY

達文西的〈三女子舞蹈與一頭像〉(Three Female Figure Dancing and a Head)。
收藏於義大利威尼斯的 Accademia。本頁圖片來源：Cameraphoto Arte, Venice/Art Resource, NY

達文西的〈最後的晚餐〉。

收藏於義大利米蘭 Maria delle Grazie 。本頁圖片來源：Scala/Art Resource, NY

達文西的〈子宮裡的寶寶〉(The Babe in the Womb)。

The Royal Collection copyright 2004, Her Majesty Queen Elizabeth II

達文西的〈嬰兒的四分之三側面〉(Three-quarter view of a head of an infant from the left)。

本頁圖片來源：Michelle Bellot. Louvre, Paris. Reunion des Musees Nationaux/Arte Resource, NY

達文西的〈降落傘與飛行機器，素描〉(Drawing of a parachute and Flying Machine with maquettes)。

收藏於米蘭的 Pinacoteca Ambrosiana 。本頁圖片來源：Snark/Art Resource, NY

達文西的〈花的習作〉。

收藏於威尼斯的 Accademia 。本頁圖片來源：Alinari/Art Resource, NY

維洛其奧與達文西的〈基督受洗〉(The Baptism of Christ)，局部。

收藏於佛羅倫斯的烏菲茲美術館。本頁圖片來源：Scala/Art Resource, NY

達文西的〈施洗者約翰〉(Saint John the Baptist)。Louvre, Paris 。

本頁圖片來源：Reunion des Musees Nationaux/Arte Resource, NY

達文西的〈安加利會戰〉(Battle of Anghiari)裡的男子頭像。

複製品，義大利佛羅倫斯烏菲茲美術館。(原作藏於布達佩斯國立博物館)。本頁圖片來源：

Scala/Art Resource. NY

達文西的〈蒙娜麗莎〉(Mona Lisa)。

本頁圖片來源：R. G. Ojeda. Louvre, Paris. Reunion des Musees Nationaux/Arte Resource, NY

達文西的〈忘恩、嫉妒與死亡的寓言。樂與苦的寓言〉(Allegories of Ingratitude, Envy and Eeath; Pleasure and Pain)，?JBS17。

本頁圖片來源：The Governing Body of Christ Church, Oxford

達文西的〈人體比例圖〉(The Vitruvian Man)，約一四九二年。

收藏於威尼斯 Accademia 。本頁圖片來源：Scala/Art Resource, NY

達文西的〈心臟房室運作圖〉(Mechanisms of the Ventricles of the Heart)。

本頁圖片來源：The Royal Collection copyright 2004, Her Majesty Queen Elizabeth II

達文西的〈聖母聖子與聖安娜〉(Madonna and Child with Saint Anne and Infant St. John the Baptist)。

倫敦國立美術館。本頁圖片來源：Art Resource, NY

達文西的〈賢士來朝〉(Adoration of Magi)。收藏於義大利佛羅倫斯烏菲茲美術館。

本頁圖片來源：ALinari/Arte Resource, NY

國家圖書館出版品預行編目資料

七個祕密 / 邁可.葛柏(Michael Gelb)著 ;
黃聿君譯.--初版.-- 臺北市 : 大塊文化,
2005[民 94]　面 ;　公分. -- (smile ; 61)

譯自 : Da Vinci decoded : discovering the spiritual secrets of Leonardo's seven principles
ISBN 986-7291-50-6 (平裝)

1. 思考 2. 創造

176.4　　94013607

LOCUS

LOCUS

LOCUS

LOCUS